我
们
一
起
解
决
问
题

出海增长战略

赢在全球化的新征程

向国华◎著

人民邮电出版社

北　京

图书在版编目（CIP）数据

出海增长战略 : 赢在全球化的新征程 / 向国华著 .
北京 : 人民邮电出版社，2025. -- ISBN 978-7-115
-66371-9

Ⅰ. F279.235.6

中国国家版本馆 CIP 数据核字第 2025X24R10 号

内 容 提 要

随着世界经济一体化的深入发展，企业不应再将眼光局限于国内市场，而应放眼全球。只有走向海外，企业才能够拥抱更多的市场机遇，从而实现自身的持续壮大和长远发展。

这是一本为企业出海提供实战指导的书。本书以出海制胜模型（OWM）为框架，共分为上下两篇：上篇讲述了出海战略如何制定，具体包括坚定出海决心、明确出海意图、做好出海洞察、选择出海模式四项内容；下篇解释了出海策略如何落地，具体包括做好国别选择、调整销售模式、构建组织阵型和用对"头狼"模型四项内容。这八个核心要素相互联系，构成了企业出海的完整路径，可以帮助企业实现低风险、低成本出海，并顺利完成全球化布局。

本书适合计划去海外发展的企业的各级管理者阅读使用，可作为企业出海前的行动指南和参考读物；已经走向海外的企业也可根据本书内容查缺补漏并明确未来发展方向，以便企业在全球化之路上越走越顺。

◆ 著　向国华
责任编辑　贾淑艳
责任印制　彭志环

◆ 人民邮电出版社出版发行　北京市丰台区成寿寺路 11 号
邮编　100164　电子邮件　315@ptpress.com.cn
网址　https://www.ptpress.com.cn
固安县铭成印刷有限公司印刷

◆ 开本：720×960　1/16
印张：15　　　　　　　　　　　2025 年 3 月第 1 版
字数：180 千字　　　　　　　　2025 年 4 月河北第 3 次印刷

定　价：69.00 元
读者服务热线：（010）81055656　印装质量热线：（010）81055316
反盗版热线：（010）81055315

中国企业为什么要出海？

因为大部分行业的国内市场规模只占全球市场规模的 20%，拓展全球市场意味着把市场空间再放大四倍，也就是说某些行业在国内可能已经看到市场天花板了，但到海外还可以"更上一层楼"；

因为海外市场的平均毛利率水平要高于国内，根据我们接触和辅导多家出海企业得出的经验及数据来看，海外市场大部分行业的销售毛利率都高于国内市场，有的甚至高于 15% 以上，也就是说到海外有更多的钱可赚，竞争也没有那么激烈；

因为 95% 以上的国内企业其实都适合出海发展，而不只是局限于国内单一市场；

……

基于以上各种"诱惑"，我们发现客户出海了，供应商出海了，同行也出海了，大家都在努力实现国内和海外的双循环发展，通过出海寻找新的增长点，以便在全球化浪潮中维持自身的竞争力。在当下，出海不仅是让国内企业多了一个选择，很多企业更是处于"不出海就出局"的境地。

当我提出以上观点的时候，不少人发表了不同的看法：

"我们现在国内市场都没有搞明白，哪儿敢出海啊。"

"我们企业现在规模还小，还不能出海。"

"我们企业在国内都没有什么品牌力，到海外更没有机会。"

"我们企业的产品和技术比较传统，不适合海外市场。"

"听说'不出海是等死，出海是找死'，所以我们还在纠结。"

……

有以上想法不足为奇，这确实是很多企业的现状。在我看来，大家之所以会有这样的想法，主要有以下三个原因。

第一，对中国企业竞争力的认知存在误区。很多中国企业常常低估其在全球市场的独特竞争优势，认为自身与西方企业相比，在技术、管理、品牌等方面存在较大差距。其实当今的中国企业在技术先进性、制造业规模、供应链整合、成本控制等方面拥有强大的竞争力，比如空调、电视机、冰箱、洗衣机、手机、电脑、小家电、厨房电器、消费电子、光伏、电池、纺织品、服装、玩具、家具等产业都承担了全球半数以上的产能，中国制造已经成为全球供应链中不可或缺的一部分。

第二，对海外市场的认知存在误区。过去，中国企业在全球产业链中常常处于被动地位，业务范围多局限于本土市场，即使参与全球竞争，也多是采用价格战这一较为简单的方式。这就导致很多企业对海外市场并不了解，甚至一提到出海就谈虎色变。其实真正的海外市场比我们认知的要落后很多，比如现在的非洲市场相当于1990年的中国市场，现在的拉美市场相当于2000年的中国市场，现在的东南亚市场相当于2010年的中国市场，欧美的互联网应用市场跟中国还有五年以上的差距……全球市场的发展并不均衡，不同地区的市场处于不同的经济发展阶段，这为中国企业出海提供了巨大的机遇。

第三，对中国品牌力量的认知存在误区。很多中国企业认为自身的市场地位低，在海外市场遭遇欧美强劲对手和本土对手没有胜算，对自己的品牌没有信心。试想海外版拼多多 Temu、国际版抖音 TikTok 和快时尚巨头 Shein 等，它们凭什么可以击败一众本土对手，在海外做得风生水起呢？其实，海外消费者关注的无非也是产品的质量、价格及其是否符合自身需求，只要我们在这些方面有信心，就一定会对自己的品牌力量有信心。

在我看来，中国企业今非昔比，绝大部分都具备出海的实力，并且优势明显。试想，在国内竞争这么激烈的市场环境下都能存活，到海外还有什么可畏惧的呢？中国企业出海有三个核心优势。

（1）**政府的大力支持是企业出海的坚实基础**。政府积极推进"一带一路"倡议，出台一系列政策鼓励企业走出去，为企业搭建合作平台，在金融、税收等方面给予优惠，营造了良好的出海氛围和出海大环境。

（2）**强大的产业链和制造技术是企业出海的根本优势**。中国不仅拥有全世界最完整的工业体系，还在智能制造、自动化生产等方面实现了技术突破，是全球产业链、供应链的重要参与者和维护者。从原材料获取到成品交付的每一个环节，中国企业都具备极高的效率和成本优势。

（3）**高科技人才是企业出海的关键动力**。中国高度重视教育和人才培养，拥有大量专业技术人才和创新型人才。他们能够为企业出海提供技术研发、管理创新等方面的支持，帮助企业在海外市场站稳脚跟。

随着世界经济一体化的深入发展，企业不应再将眼光局限于国内市场，而应放眼全球。在这个过程中，出海不仅是一种选择，更是企业持续壮大的必经之路。只有走向海外，才能够发现更多的市场机会、获得更大的成长空间，从而实现企业的长远发展。因此，中国企业要重视并抓住全球化带来的良好机遇，树立出海必胜的信心。

希望广大中国企业能坚定信念，勇敢走向国际，用卓越的产品品质和独特的品牌力量赢得全世界的尊重与认可。每一次跨越，都是全新的机会；每一个足迹，都是成功的见证！愿你们勇敢逐梦，在出海的征程中披荆斩棘、乘风破浪，开创中国品牌的传奇之旅！

向国华

2025 年 1 月

在做企业战略规划时，很多中国企业（包括华为）都使用业务领先模型，即 BLM（Business Leadership Model）。BLM 是一个综合管理工具，旨在帮助企业管理层在战略的制定和执行之间建立清晰的连接，以确保企业的战略意图能够得到有效执行。该模型涵盖从市场分析到战略执行的全过程，包含差距分析、市场洞察、战略意图、创新焦点、业务设计、关键任务、正式组织、人才、氛围与文化、领导力与价值观共 11 个关键要素，可以帮助企业在复杂多变的市场环境中提升自身的决策质量和执行力。

基于战略规划中的业务领先模型，我们梳理了多家企业在海外拓展过程中遇到的共性问题与场景，总结出了出海制胜模型，即 OWM（Overseas Winning Model）。截至 2024 年，我们通过该模型已经成功辅导了 30 多家出海企业，帮助这些企业实现了低风险、低成本出海。出海制胜模型如下图所示。

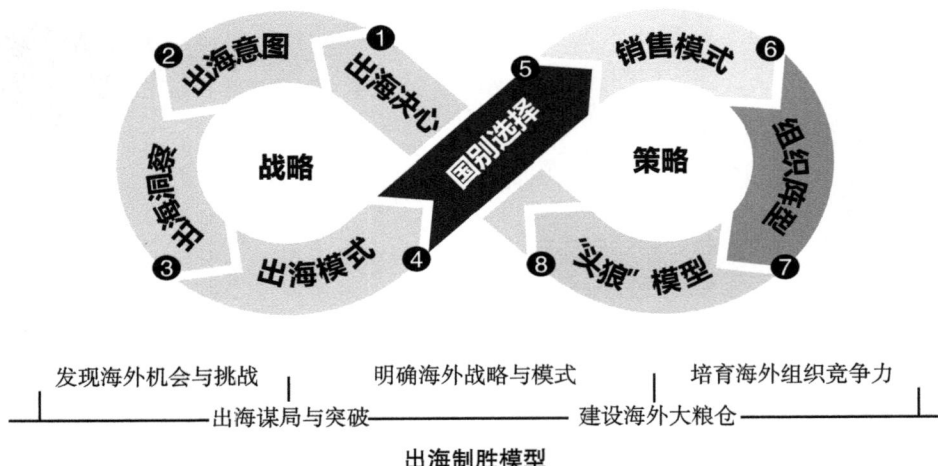

出海制胜模型

在该模型中，要素 1 ～ 4 是制定出海战略，要素 5 ～ 8 是执行出海策略，两者有着紧密联系：**出海战略通常是长期的，涉及企业的整体发展方向，侧重于长期可持续发展；出海策略则是短期的，它是实现战略目标的具体行动，具备灵活性和可调整性。出海战略决定企业"为什么要做"和"要做什么"；出海策略是实现战略的工具，决定"如何做"。出海战略相对稳定，通常不会频繁更改；出海策略灵活性较大，能够根据环境的变化和实际执行中遇到的情况进行调整和优化，以确保战略的实施更加高效。**

该模型涵盖了企业出海过程中必须考虑的八个核心要素：出海决心、出海意图、出海洞察、出海模式、国别选择、销售模式、组织阵型和"头狼"模型。此模型既适用于准备出海或刚刚出海的企业，也适用于成熟的出海企业。以下是对这八个要素的详细解析。

1. 出海决心：企业为什么要出海

明确出海决心是确定企业出海战略的起点，出海的原动力和决心大小决定了企业在海外拓展的投入程度和持久力强弱。企业的出海动力可能是国内市场饱和、受到海外市场机会的吸引或者追求品牌影响力的提升等。企业出海的决心越大，能调动并投入海外市场的资源就越多，在面临挑战时也会越有韧性。因此，企业在出海前需明确自身的动力和决心大小，这是开展所有后续行动的前提。

2. 出海意图：企业出海的雄心壮志有多大

出海意图决定了企业在海外市场的定位和目标，回答了"希望把海外业务做成什么样"的问题，明确了企业在海外市场的长期战略，为企业的海外拓展提供了方向指引。明确的战略意图能够统一企业上下的行动方向，激发员工和合作伙伴的信心与凝聚力，从而形成更强大的资源协同效应。出海意图与出海决心是密切相关的，没有明确的战略目标，企业出海就容易迷失方向。

3. 出海洞察：哪些国家或行业有机会

出海洞察是指企业对目标市场所进行的深入了解，分为国别洞察和行业洞察。国别洞察要求企业充分理解目标市场所在地区的政治环境、经济环境、自然环境、法律环境、科学技术环境、社会文化环境等；行业洞察则要求企业精准把握目标市场所属行业的市场需求、竞争格局及未来发展趋势等。通过对以上内容进行深入分析，企业能够精准识别市场切入点，减少盲目出击的风险。出海洞察与后续的出海模式和国别选择密切相关，洞察结果会直接影响企业的选择和决策。

4. 出海模式：企业适合哪种模式

企业出海能否赚钱具有不确定性，如果盲目出击，"踩坑"和"交学费"是大概率事件。为此，我们设计了自主出海、跟随客户出海、合作出海、产业链整合出海和投资并购出海五种出海模式，每一种模式都有其优劣势和适用场景，企业可根据自身资源、行业特征及目标市场的实际情况选择最适合自己的模式。选择适配的出海模式，不仅可以帮助企业降低出海的风险与成本，还能够让企业在出海过程中少"踩坑"、少"交学费"，加快开拓市场和占领市场的速度。

5. 国别选择：企业从哪个国家率先突破

国别选择是指企业在全球市场中寻找最具潜力的目标市场，它决定了企业在全球布局的优先顺序和市场进入路径。海外市场广阔且复杂，不同国家的市场环境、文化背景、政策法规千差万别。企业必须基于出海洞察的结果，设定一套科学的国别选择标准，并通过深度分析筛选出最具增长潜力的市场，确保企业在正确的时机选择最适合自己的市场，这样在海外市场的拓展就更具针对性和可行性。

6. 销售模式：海外最佳销售模式是什么

在国内，通常 ToB（面向企业客户）销售模式需要构建强大的客户关系网络，ToC（面向个人消费者）销售模式则更依赖于品牌建设、市场推广与用户体验。而到了海外，ToB 销售模式往往更注重渠道合作而不是直销，用少投入多产出的方式突破市场；ToC 销售模式则多达数十种，不同市场的销售模式都不一样。比如部分产品可以通过 ToB 大客户模式销售，以低成本的方式获得市场反馈，快速验证当地消费者需求，最后再考虑自主品牌出海。销售模式的选择将直接影响企业的成本控制和市场推广效率。

7. 组织阵型：如何打造高绩效海外组织

组织阵型能否成功搭建，将直接影响企业的全球化运营效率和决策执行力度。企业的出海进程通常分为三个阶段——初期、中期和成熟期，每个阶段对组织架构的要求都有所不同：初期出海企业需要快速响应市场、灵活调整策略，因此组织架构应尽量扁平化，以提高决策效率；中期出海企业需要逐步建立更稳定的组织架构，确保各个职能部门能协调运作；成熟期出海企业则需要在全球范围内搭建完整的组织体系，以支持企业的长期战略目标。企业在出海的不同阶段，应根据自身需求及时调整组织阵型，确保在快速扩张的同时保持良好的运营效率。

8. "头狼"模型：如何在海外找到人和找对人

海外业务发展的核心因素是人才，而"头狼"又是其中最关键的角色之一。他们可以带领团队在海外市场披荆斩棘，与各方协同合作，为企业出海的成功提供强大助力；他们还可以帮助企业快速建立本地信任，减少文化冲突和进入壁垒，将开拓市场的风险降至最低，并确保企业在关键节点上获得成功。那么"头狼"的选择标准是什么呢？利用"头狼"模型，企业可以确定打开市场的关键人物画像及其寻找方法。企业需要考察其对目标市场是否了解、行业经验是否丰富、是否具有敏锐的商业洞察力，以及在不同的文化和商业环境中能否为企业做出正确决策等。

出海制胜模型提供了一个系统化的框架，可以帮助国内企业在全球市场中制定战略、优化资源、规避风险。模型中的八个要素相互联系，构成了企业出海的完整路径：出海决心和出海意图为企业提供战略方向；出海洞察、出海模式和国别选择可以帮助企业找到最合适的市场及其切入方式；销售模式和组织阵型确保企业在海外拓展过程中实现高效运营；"头狼"模型则确保企业拥有突破关键市场的力量。利用这一系统化的框架，企业能够有针对性地进行全球拓展，最大限度地降低出海风险，从而实现海外市场的成功布局。

目录

出海战略

出海不是选答题，而是必答题

对于今天的中国企业而言，出海已经不再是一道选答题，而是关乎生存和发展的必答题。

随着全球经济一体化的加速，各个国家和地区的市场之间的联系日益紧密。中国国内市场虽然庞大，但也面临着日益激烈的竞争和逐渐饱和的局面。企业要想突破发展瓶颈，寻找新的增长点和利润空间，出海无疑是一个比较理想的选择。

第一章

出海决心：

海外不存在机会主义，坚定出海优先战略

第一节　企业为什么要出海

"企业为什么要出海"这个问题看似简单，实则很难回答。

当企业在海外市场发展很顺利的时候，这个问题便无关紧要；而当企业在海外发展受挫、想打退堂鼓的时候，就需要回到原点，思考当初为什么要出海，出海的初心是否还在，还要不要坚持，以及还能否坚持。

出海之路注定充满坎坷、困难重重，不断"踩坑"和"交学费"是正常现象。有些企业在遇到挫折时很容易动摇，纠结于是否继续投入、是否坚持原定的战略，建议此时企业要思考一下自己出海的初心是什么，比如是为了错位竞争、开辟第二增长曲线、维持利润增长还是为了规避关税影响或提升竞争力等。企业在出海前就想清楚动因至关重要，这是克服困难的动力源泉。**只有坚定初心，在面对超出预期的挑战时，企业才不会轻易放弃，才能在复杂多变的国际市场中灵活调整策略、持续探索出路，从而真正实现全球化发展。**

下面，我们从宏观环境、行业趋势、国内市场现状几个方面，来分析一下企业面临的形势及出海的原因。

一、宏观环境

1. 美国持续影响全球经济

（1）**军事方面**：美国长期保持高额军费开支，拥有目前世界上最强大的军事力量，包括先进的战斗机、航母舰队、核潜艇等。据统计，美国在海外 80个国家和地区设有 750 个军事基地（数据来源：美国智库昆西方略研究所）。以这些基地为战略支点，美国能够快速投送兵力、控制战略要地和资源，对地区局势进行干预和威慑，以实现对相关地区的控制和影响力拓展。

（2）**经济方面**：美国通过控制美元发行和调节货币政策，不断影响全球经济走势。比如，通过加息或降息操作，会导致货币供应和美元汇率的变化，这些变化可能会影响到其他国家的利率水平和货币价值，从而影响全球的资本流动和投资决策。

（3）**科技方面**：为保持自身在科技领域的领先地位，美国采取技术封锁措施，限制对特定国家的高科技产品出口和技术转让。比如，在半导体领域，美国对中国企业实施芯片禁令。同时，美国强调知识产权保护，通过专利等手段，使本国企业在技术创新上获得垄断优势，从而获取高额利润。

（4）**舆论方面**：美国拥有众多具有全球影响力的媒体和社交平台，能够主导国际舆论走向，塑造对自身有利的舆论环境。在国际事务中，美国往往通过舆论宣传来获取大众的好感，使其在国际舆论方面获得支持或减少反对的声音。

（5）**经济与政治联盟方面**：美国还通过构建经济和政治联盟，如"五眼联盟"①等，在情报共享、贸易政策等方面与他国进行合作，协调各方立场，维护自身及盟友的利益，保障其在全球经济和政治格局中的主导地位。

2.属地化经营成为主流趋势

近年来，许多国家为了保护自身经济和增加本土就业机会，出台了一些政策以限制资源出口和鼓励本土制造。它们实施这些政策的目的在于减少对外依赖，提升本国的工业价值链，并确保国内就业机会不外流。

比如，印度尼西亚是全球最大的镍生产国，而镍是电动汽车电池等高科技产品的重要原材料。2020年，印度尼西亚政府实施了镍矿石出口禁令，禁止未经加工的镍矿石出口，以推动其国内冶炼业和制造业的发展。这一政策促使大量外国企业在印度尼西亚投资建厂来加工镍和其他矿产资源。

这也给那些依赖印度尼西亚矿产资源的企业带来一定的挑战，它们需要采取相应的措施来应对这一政策变化，才能确保在当地合规运营。

例如，浙江青山实业是中国最早的民营不锈钢生产企业之一，也是全球最大的不锈钢和镍铁生产商。2009年，青山实业首次在印度尼西亚投资，开始在其境内开发红土镍矿。2013年，该公司与印度尼西亚当地合作伙伴共同设立印度尼西亚经贸合作区青山园区。经过10年发展，青山实业在印度尼西亚的两个园区吸引了越来越多的中资企业落户，同时其在印度尼西亚的镍铁和不锈钢产能都已经达到了300万吨/年。青山实业积极应对当地政策变化和合规运营的做法值得我们学习。

---

① 五眼联盟（Five Eyes Alliance）是一个由澳大利亚、加拿大、新西兰、英国和美国组成的情报共享联盟，相互之间交换情报信息。

类似印度尼西亚这样的情况在全球各国越来越多。例如，在泰国成立的有限公司，必须招聘四名当地员工才能拿到一个工作签证名额，当地政府希望以此来让外资企业帮助其培养本地人才；而在沙特，除非获得当地有关部门的特别许可，否则企业中沙特籍员工的比例不得低于75%。可见，不打算在当地扎根经营而只是想赚一笔快钱就走的企业将会越来越没有生存空间，因为属地化经营是未来发展的大趋势。

初步判断，未来各国的属地化经营将会越来越普遍，各国可能会通过技术性贸易壁垒、环境标准等非关税手段来限制进口、保护本国市场，各种隐蔽的保护主义手段将使国际贸易环境变得更加复杂。即使不属地化发展，由于地缘政治因素，许多企业也开始考虑将供应链从高风险地区转移到更安全的地方，如"近岸外包"或"友岸外包"①，这也让全球贸易更加碎片化。

3. 各国的关税政策复杂多变

关税政策是指国家为限制或鼓励某些商品的进出口而采取的一种税收政策，它不仅可以增加政府的财政收入，还可以保护本国的产业和市场，调节国际贸易收支，促进国家经济发展。然而，近年来，一些国家将关税政策作为政治手段，对其他国家的商品加征高额关税，这种趋势给外资企业的运营环境和全球供应链带来了巨大的不确定性，并提高了经营风险，给出海企业造成了很大的伤害。

例如，美国政府实施了"美国优先"的政策，通过减税和补贴等措施鼓励制造业回流。同时，美国对中国商品加征关税，目的是降低其国内市场对

---

① 近岸外包是指企业将业务外包给距离本国较近的其他国家或地区的公司及团队，这里的"较近"通常意味着地理位置相近，如可能在同一时区、文化背景相似或者具有便利的交通联系等；友岸外包是指企业将业务外包给政治上友好、价值观相近国家的合作伙伴。

"中国制造"的依赖，并促进国内制造业的发展或吸引部分企业将生产线迁回美国。

又如，欧盟委员会2024年8月20日发布了"中国电动汽车反补贴调查终裁草案"，在接受欧盟抽样调查的三家中国车企中，比亚迪将被征收17%的反补贴税，吉利汽车将被征收19.3%的反补贴税，上汽集团将被征收36.3%的反补贴税。2024年10月4日，欧盟就是否对中国电动汽车征收为期五年的反补贴税举行投票，最终提议获得通过。

关税政策的不确定性将迫使中国出海企业进一步优化和多样化其供应链结构，减少对单一国家或区域的依赖，同时考虑将生产线转移到低风险国家，以规避关税影响。虽然这种调整可能降低关税冲击，但也增加了全球供应链管理的复杂性，并推动了全球制造业进一步"去全球化"。对于出海企业来说，如何确保供应链的灵活性和业务布局的多元化将成为企业成败的关键。

二、行业趋势

1. 海外市场需求旺盛，出口整体大盘较稳

中国近五年的出口表现出了强大的韧性，尽管面临着复杂多变的国际形势，如全球经贸周期下行、贸易保护主义抬头、疫情冲击等，中国出口依然保持了稳定增长。2024年上半年，中国货物贸易进出口同比增长6.1%，出口同比增长6.9%。中国2019—2023年的进出口具体情况如表1-1所示。

表 1-1　中国 2019—2023 年进出口整体情况

单位：亿美元

年份	2023 年		2022 年		2021 年		2020 年		2019 年	
	金额	同比（%）	金额	同比（%）	金额	同比（%）	金额	同比（%）	金额	同比（%）
进口	25 569	−5.53%	27 065	1.01%	26 794	29.69%	20 659	−0.60%	20 784	−2.69%
出口	33 790	−4.67%	35 444	6.89%	33 160	28.03%	25 899	3.62%	24 994	0.51%
进出口	59 359	−5.04%	62 509	4.26%	59 954	28.77%	46 559	1.70%	45 778	−0.96%
贸易顺差	8221	−1.89%	8379	31.62%	6366	21.49%	5239	24.44%	4210	19.99%

数据来源：海关总署。

2. 中国产业链优势明显，综合竞争力强

中国是全世界唯一拥有联合国产业分类中全部工业门类的国家，在全球 500 多种主要工业产品当中，220 多种工业产品的产量位居世界第一。截至 2024 年，在工业品和中间品领域，中国已经拥有 41 个工业大类、207 个工业中类、666 个工业小类，形成了独立完整的现代工业体系。

例如，广东海大集团在国内拥有完整的水产品和畜禽产业链，海外饲料业务成为其寻找增长点的一大方向。该企业通过在当地建厂、当地销售，同时配套优质种苗、动保以及专业技术服务体系，将国内成熟的"饲料＋种苗＋动保"黄金三角海大模式复制到海外市场，形成产业链的竞争优势，逐渐打开海外市场增长空间。2023 年，海大集团海外饲料销量达 171 万吨，同比增长 24%，占企业饲料总销量的 7%；海外营业收入达到 109 亿元，占企业营业总收入的 9.42%，同比增长 27.47%，并且海外业务的毛利率水平明显高于国内市场。

目前国外大部分地区的饲料行业水平相对落后，存在较大的发展空间。对

于国内饲料企业而言，海外市场相当于增量市场，且在大宗原材料采购上有一定的成本优势。这些综合优势使中国企业能够向海外市场提供高性价比的产品和服务，在国际市场上具有很强的竞争力。

3."卡脖子"产业的反超机会已经出现

过去，中国部分产业曾面临被"卡脖子"的情况，即关键技术被欧美企业垄断，很多产品只能依赖进口，且需支付高昂费用。但随着中国企业自主研发能力的提升，这些产业逐渐打破垄断，实现了从技术引进到自主创新，甚至能够向欧美等地区进行技术或产品的出口，且出口金额也在不断增加。

（1）高铁技术产业。最早的高铁技术由日本、德国、法国等国家掌握，中国只能通过技术引进进行产品开发。经过多年的自主研发和创新，中国不仅摆脱了对国外技术的依赖，打造了具有自主知识产权的高铁技术体系，还成为全球高铁技术的引导者。截至2024年，中国铁路营业里程突破16万千米，其中高铁营业里程达到4.6万千米，位居世界第一，并超过其他国家高铁营业里程的总和。目前，中国高铁已成功出口到印度尼西亚、泰国、沙特等国家，并积极参与欧美国家的高铁项目招标。

（2）5G通信技术产业。在2G、3G时代，中国的通信技术落后于欧美，核心设备主要依赖进口。随着华为、中兴等公司的崛起，中国成为全球5G技术的引导者之一。2024年，我国5G基站总数达到404万个，占移动基站总数的32.1%。华为的5G技术不仅在国内处于领先地位，还在全球范围内获得广泛应用，许多欧美国家的电信运营商也需要采购华为的5G设备。

（3）光伏产业。早期的光伏核心技术基本都被欧美国家掌握，国内光伏产业的相关组件和技术主要依赖进口。近些年来，随着自主研发和技术创新能力的不断提升，中国迅速占据了全球光伏产业的主导地位。目前，全球80%的光伏设备组件来自中国。中国的光伏产品已出口到全球市场，占据了全球光伏产业链的大部分市场份额，欧美国家现如今反过来依赖于中国的光伏产品和技术。

（4）新能源汽车产业。过去，中国需要从欧美国家进口汽车技术和产品，但随着自主研发能力的提升，像比亚迪、赛力斯、理想、长安、奇瑞、广汽、长城、蔚来和小鹏等品牌逐渐崭露头角，中国已成为全球最大的新能源汽车出口国。2023 年，中国以 491 万辆的汽车出口量成为世界第一汽车出口大国，其中新能源汽车出口 120.3 万辆，同比增长 77.6%。

除了上述产业，我们通过自主创新和不懈努力，近些年来在多个关键技术领域实现了突破，如高端机床、新能源电池、盾构机、无人机、集成电路封装与测试等，摆脱了对欧美国家的技术依赖，并实现了反向技术输出。这些产业的发展不仅提升了中国的科技水平和国际地位，也为全球相关领域的发展提供了更多选择。

三、国内市场现状

1. 竞争过于激烈，经营压力巨大

目前国内市场竞争激烈，利润空间不断缩小，很多企业为了生存不得不被卷入价格战中，面临内外部诸多挑战，经营压力日益增大。

例如，2024 年国内家用空调市场在"总量"上同比微增 0.5%，但是"总金额"同比下滑 3.2%。终端市场需求不振、库存高企、价格战愈演愈烈、原材料价格持续飙升等挑战，给空调制造企业带来巨大的成本压力，但空调产品的市场价格却在下跌，这也加剧了行业内部的竞争。

电商行业同样竞争激烈。在商品供给极大丰富、消费者需求显著变化的今天，部分企业之间频繁进行价格战、资源战、广告战等恶性竞争，以此来抢夺市场份额，却无暇关注产品质量和技术创新，导致以次充好、偷工减料、价格虚标、货不对板等问题时有发生，长此以往，可能会破坏整个行业生态，殃及普通消费者。

为此，国内企业都在积极探索破解之道，其中许多企业将目光投向海外，以寻求更广阔的发展空间。

2. 市场天花板已经出现，急需更大的市场空间

许多行业在国内市场的发展已经达到一定限度，上升空间较为有限，市场天花板已经显现。为了寻求进一步的发展和更大的市场空间，这些行业中的部分企业开始将目光投向海外。**根据我们统计，大部分行业的国内市场规模只占全球市场规模的 20%，这就意味着通过出海可以把市场空间放大四五倍。**比如某行业的国内市场空间有 1000 亿元，那么海外市场空间就可能有 4000 亿元，即全球市场空间达 5000 亿元。

例如，国内电商市场的渗透率已达到较高水平，增长逐渐放缓。在此背景下，部分互联网企业纷纷布局海外业务。在 2024 财年第三季度，阿里巴巴的国际业务收入同比增长 44%，占集团总营收的 10.95%，增速远高于淘天集团和阿里云；拼多多旗下的跨境电商平台 Temu 增速也颇为可观，截至 2023 年 12 月，Temu 的独立访客数量达到 4.67 亿，仅次于亚马逊，排名全球第二，并贡献了拼多多集团 2023 年总收入的 23%，撑起了拼多多的第二增长曲线。

再如，朴西（Posee）是创立于 2013 年的拖鞋品牌，它从国内市场起家，凭借高品质与高舒适度收获了众多好评，在国内电商销售平台所属类目中稳居第一梯队，年销售额曾突破 10 亿元。在预见国内市场即将见顶的情况下，该

企业于 2019 年开启出海之路，将产品售卖至东南亚、欧美地区。它选择气候炎热、市场需求旺盛的东南亚作为海外拓展重心，陆续入驻 Shopee、亚马逊、Lazada、Temu 等各大电商平台，并很快成为泰国女鞋市场跨境品牌 Top1。如今，该企业的多款拖鞋已成为海外市场的时尚单品。

截至 2023 年，国内已有超过 70 万家企业尝试或计划出海。虽然出海之路困难重重，但这并没有动摇中国企业出海的决心，近五年间陆续有 25.8 万家新的出海企业成立。

当然，我们并不是鼓励所有企业都要出海。例如，山东乖宝是国内宠物食品的头部企业，其营销总裁曾在听完我的课后与我交流，征求我的出海建议。我认为目前国内宠物食品市场空间巨大，市场渗透率还很低，乖宝这个头部企业的市场占有率也才不到 10%，国内市场仍然大有可为，因此我就建议他们依然将重心放在国内，至于海外市场，可以先通过 OEM① 或 ODM②（代加工的两种常见模式）慢慢积累一些经验和资源。

3. 跟随客户脚步，响应出海诉求

在全球经济一体化的背景下，大量企业已经陆续在世界各地开展业务。为了保证供应链的稳定、降低成本以及更好地协同合作，它们希望自己的供应商也能跟随自己的脚步在海外设立生产基地或提供相应的配套服务。

例如，特斯拉的供应商浙江拓普集团就跟随其脚步在墨西哥投资建厂。拓普集团是特斯拉上海超级工厂轻量化底盘等零部件的核心供应商之一，其于 2022 年 9 月开始在墨西哥新设全资子公司并投资建厂，总投资额近 2 亿美元，

---

① OEM 是英文 Original Equipment Manufacturer 的缩写，即原始设备制造商，也称为定点生产，俗称代工。

② ODM 是英文 Original Design Manufacturer 的缩写，即原始设计制造商。

主要生产轻量化底盘、内饰系统、热管理系统及机器人执行器等产品。第一期项目已经于 2024 年投产，另外三家工厂也在有序推进。

再如，宝马集团为推进电动化转型，向宁德时代和亿纬锂能两家企业授予了价值超过百亿欧元的电芯生产需求合同。为此，宁德时代于 2019 年在德国埃尔福特建设生产基地，投资约 18 亿欧元，初始规划产能为 14 吉瓦时（GWh），每年足以满足约 20 万辆电动汽车的电池需求。该工厂也是德国乃至整个西欧第一家投入运行的电动车电池大型生产工厂。2022 年 8 月，宁德时代宣布在匈牙利德布勒森投资建设电池工厂。该项目投资金额高达 73.4 亿欧元，初始规划产能为 100 吉瓦时（GWh），建成之后将成为欧洲最大的电池工厂，预计 2025 年投产。

对于国内的供应商来说，跟随客户一起出海既能抓住新的发展机遇，比如更靠近客户、降低关税及运费成本、扩大市场份额等，又可以降低出海风险和出海成本，是一个非常好的选择。

第二节　如何坚定出海决心

出海不是一时冲动的决策产物，不是企业的短期行为，而是企业的战略行为，是一项长期工程，而且是一项巨大的工程。企业在出海过程中注定会遭遇各种风险和困难，因此，企业管理者需要下定出海决心，不管遭遇什么困难都不能犹豫、不能纠结，要坚守初心，带领企业上下全力以赴，如此才有可能取得成功。因此，**管理者的出海决心是否坚定，对企业出海成败影响极大。**

一、初次出海企业：要坚定决心，而不是喊口号

对于初次出海的企业来说，管理者的决心尤为关键。根据我们所服务过的出海企业的情况来看，大部分企业管理者在初次出海时其内心都是极其纠结的，比如不断地跟我们强调各种困难和风险等，这种没有做好思想准备就贸然出海的情况是很危险的。下面我们将从战略决策、资源整合、团队激励和风险应对四个方面来介绍一下管理者坚定出海决心的意义。

1. 战略决策

不同的国家和地区在经济发展阶段、消费需求、产业结构等方面存在巨大差异，差异就是机遇、危机就是商机，因此海外市场隐藏着丰富的机遇，管理者的出海决心能促使企业快速抓住这些商机。同时，出海不是短期的业务拓展，而是关乎企业长远发展的战略布局，管理者的出海决心可以为企业塑造一个清晰且长远的海外发展愿景，从而为员工指出一个明确的奋斗方向，让大家明白出海不是一时的跟风，而是企业长期发展的必由之路。比如，管理者决心将企业打造成一个全球知名品牌，这个战略意图会贯穿于企业出海的各个环节，从市场调研到产品定位、从品牌建设到售后服务。

2. 资源整合

出海需要企业内部各部门的协同配合，包括研发、生产、销售、财务等。**如果管理者没有坚定的决心，各部门之间可能会相互推诿，导致资源浪费和效率低下**；而有决心的管理者能够打破部门壁垒，**凝聚和协调企业全体员工**，确保各部门围绕出海目标高效运转。

3. 团队激励

管理者是企业的核心和灵魂，是所有员工的榜样，其态度和行为对员工有着深远的影响。在出海过程中，如果管理者在面对困难和挑战时坚定不移地前行，员工也会受到鼓舞，从而更加积极地投入工作。 管理者通过展现自己的决心可以营造出一种积极向上的企业氛围，激发员工的潜力。当员工感受到管理者对出海的强烈渴望和坚定信心时，他们会更加主动地去学习新知识、新技能，以适应海外业务的需求。

4. 风险应对

出海企业面临着诸多风险，如政治风险、经济风险、市场风险等，管理者只有坚定决心才能够勇敢地面对这些风险。出海过程中也难免会遇到挫折和失败，如市场开拓受阻、产品推广困难等，此时，**管理者的决心是否坚定决定了企业能否在逆境中坚持下去**。比如，在海外市场投入大量资源后，市场反馈却不理想，如果管理者没有坚定的决心，可能就会停止投入，导致前期努力付诸东流；而有决心的管理者会冷静分析原因，灵活调整策略，继续加大投入，直到打开市场局面。

苏州正耀电子有限公司是一家专注于连接器整合设计和制造服务的企业。2022 年，该公司在我们的辅导下第一次出海。在海外员工出征仪式上，总经理范振英讲道："今天，我们站在正耀发展历程的新起点，准备扬帆起航，去迎接未知的挑战。这不仅是一次简单的航行，而是一次'出海一试，背水一战'的冒险。'出海一试'意味着我们敢于尝试、勇于探索，我们不满足于现状，不畏惧未知，愿意走出舒适区，去追求更远大的目标；'背水一战'则代表着我们的决心和勇气，我们没有退路，只能前进。在这场战斗中，我们要么胜利、要么失败，没有中间地带。这不仅是一场对外界的战斗，更是一场对内心恐惧和犹豫的战斗。今天，我们在这里集结，不是为了逃避，而是为了迎接挑战。我们的目标清晰，我们的信念坚定。让我们以无畏的心去迎接每一个挑战，让我们以坚定的意志书写属于我们自己的传奇！"

当年这段慷慨激昂的演讲，直到今天依然激励着正耀员工争先恐后地奔赴海外。正耀目前在泰国的业务开展得如火如荼，各方面工作都已步入正轨，这与正耀老板张金国和总经理范振英当初坚定的出海决心密不可分。

综上可见，管理者是否有坚定的出海决心直接关系到企业出海的成败。只有管理者坚定出海决心，企业才有可能在复杂多变的国际市场中取得成功。

二、成熟出海企业：践行四个海外优先战略

成熟出海企业与初次出海企业不同，它们在海外已经成功渡过了从零到一的困难时期，市场局面已经打开，这时候它们面临的问题是如何把海外业务做大做强，实现滚动经营。我们曾经服务过一家大型企业，其董事长提出过四个海外优先战略，可以作为成熟出海企业的借鉴和参考。

1. 思想优先：以海外为先，以海外为重

我曾经询问过很多管理者是否重视海外业务发展，在公司层面是否把海外业务当作第一要务来对待，得到的大多是肯定的回答。但当我接着问出下面这三个问题时，大家都不作声了。

第一，你在海外业务上投入的时间占比是多少？

第二，你每年有多长时间在海外，去过多少国家？

第三，你每个月见过多少海外客户，主动拜访过多少海外客户？

虽然他们没有正面回答这几个问题，但一般会接着说"我个人是非常支

持海外业务的"。我立马质疑道：用"支持"这个词，就表明管理者认为出海不是自己的事情，也不是自己的责任，自己只是在被动响应，如要我开会我就参加、要我出国我就过去、要我见客户我就接待等。那请问出海到底是谁的事情，谁是第一责任人呢？以上就是管理者在思想上还没有做好准备的典型表现。

任正非在华为出海前那几年，每个月都全世界到处飞，每年至少有一半的时间"泡"在海外，拜访各行业专家、当地客户、当地政府人员等，同时不断听一线员工讲问题和讲困难，再带着问题回到总部做全球部署。他在海外业务上的重投入，对华为出海成功至关重要。

因此，我们倡导**出海是管理者的事情，管理者就是企业出海的第一责任人**。企业各级管理人员在思想深处应以海外为先、以海外为重，全力学习和借鉴最先进的全球化经营理念，转变思想，积极将精力投入海外业务。

2. 资源优先：把最优秀的人才、最优质的资源向海外倾斜

企业一旦决定出海，前期的投入是非常大的，并且投入以后可能没有那么快见效，甚至可能会"打水漂"。我们不妨问自己以下几个问题。

第一，是打算小规模投入、不断试水，还是下定决心坚定且持续地投入？

第二，能否接受海外业务一年、三年甚至五年都不赚钱，有没有这样的战略耐性？

第三，是否愿意把企业里最优秀的人才派到海外常驻？

以上问题没有标准答案，不同的企业可能采用不同的方式进行尝试。例如，1996 年，华为在俄罗斯莫斯科设立了海外第一个代表处。但三年下来，他们在俄罗斯市场几乎没有拿下一个像样的订单，直到 1999 年，才终于实现零的突破，接到了一个电源模块订单——订单金额仅有 38 美元。经过多年的

不懈努力和持续投入，华为如今已成为俄罗斯电信市场的领导者之一，与俄罗斯几乎所有顶级电信运营商都建立了紧密的合作关系。如果没有坚定的信心和持续的投入，他们可能中途就放弃海外市场了。

没有攻不下的堡垒，只有攻不下堡垒的人。管理者应怀有这样的信念，将企业最优秀的人才派到海外去，这样才能更好地拓展市场。**很多时候，我半开玩笑半认真地提醒来参加我公开课的管理者："你不狠心把最优秀的副总经理和销售冠军派往海外，是不可能把海外业务做起来的。"在企业出海过程中人才是关键，这就是针对海外的资源倾斜。**

3. 政策优先：千军万马上战场，实现梦想到海外

背井离乡去海外常驻，对员工来说是一个艰难的决定。

那如何激发员工的斗志和工作意愿，使其主动申请到海外奋斗呢？

以我自己为例，在2004年，主管跟我沟通，可以选择三个国家的外派岗位——法国、埃及和南非，我当即回复主管去南非。大家可能会诧异，我为什么会选择去条件比较艰苦的南非呢？因为我觉得法国和埃及虽然环境优美、治安更好，但是开拓业务相对困难；而在南非，开拓市场则相对容易一些，且各种补助很高，作为年轻小伙子，这点苦不算什么。后来我在那边常驻了六年，事实也证明我当初的选择是正确的。

2005年，为了动员更多的中方员工前往非洲，我作为"外派动员官"在华为公司总部跟员工座谈。我特别谈到一个观点：作为首次外派的员工，去欧洲只能当一名普通员工，给别人打下手；而去非洲就完全不一样，毕业才一年的小伙子就有机会操盘5000万美元的大项目，这种锻炼机会只在非洲才会有。另外，外派到非洲的员工的收入要远超外派欧洲的员工。那一年，数百位华为员工在巨大的职业发展空间和丰厚的福利待遇的吸引下前往了非洲。

总的来说，**全面薪酬战略可以激发员工到海外工作的意愿；建立国内人才出得去、海外人才回得来的互通机制，可以解决员工的后顾之忧；在职业发展上予以倾斜，"让团长享受师长的待遇"；在荣誉表彰上加大力度，让外派成为一种荣耀；在同等条件下优先提拔具有海外工作经验的员工，不让奋斗者吃亏。**这就是政策上的倾斜，也是优秀外派员工应该享有的权益。

4. 保障优先：吃饱了才不想家

这里提到的保障包括机制保障、组织保障、人才保障、行政保障等。下面我们以华为为例，看看他们是如何做好海外员工的行政保障的。

在海外拓展早期，华为往海外邮寄产品资料、礼品和备件的时候，通常都会顺带着邮寄一些"老干妈"，那时候在海外看到"老干妈"就犹如看到亲人，可能只有在海外常驻过的员工才能体会到那种感受。

2004年，任正非到非洲出差，发现当地的外派员工经常为吃饭问题发愁，于是提出了"吃饱了才不想家"的自建食堂的思路，并开始在各个国家筹建食堂，以解决员工的一日三餐问题。

2005年，为了给尼日利亚和安哥拉代表处派驻优秀的厨师、打造海外食堂标杆，华为在总部召集八家膳食供应商举行厨艺大比武，最后将排名前三的厨师外派到非洲，支援当地代表处的食堂建设。

2007年，安哥拉的市场逐步打开，华为在当地陆续签下不少大合同。由于安哥拉生活条件太差（外出工作时找不到吃饭的地方），通勤极度困难（100千米路程需要开车12小时以上），因此员工每天的饮食是个大问题。我为此写了一份报告发回总部，这个报告恰好被任正非看到，他批示给安哥拉和尼日利亚各一个集装箱的"战地物资"。总部行政管理部给了我一份深圳沃尔玛的采购清单，预算25万元，让我们在采购清单上打钩。最后，这个大集装箱里的物资供我们外派到安哥拉的同事吃了整整一年。同时，我受公司委托，在安哥拉成立了公司第一个"战地食堂"，即在非首都城市建立流动食堂，以解决员工的吃饭问题。

后来，华为在海外的食堂越建越好，基本都成为当地最好的"中餐馆"，甚至成为很多企业家海外考察的打卡地。

这些保障看似简单，实则做起来很难，甚至很多公司都不愿意去做。**如果一名员工每天都为三餐发愁，老想着早上吃啥、中午吃啥、晚上吃啥，他怎么可能还有心思工作呢？良好的行政保障就可以解决员工的后顾之忧，支撑员工全力以赴地开疆拓土。**

第三节　华为出海的初衷与决心

华为从 1996 年开始出海，一路走来也是历尽坎坷。早期出海困难重重，华为为什么要下定决心出海发展，为什么坚信海外业务就能做起来，以及都做了哪些关键决策？带着这些疑问，我们一起来回顾一下华为的出海历程。

一、出海初衷：进一步海阔天空，退一步悬崖万丈

1994 年，任正非参加了规模庞大的美国拉斯维加斯国际电脑展，该展会参展人数达 50 万，然而其中华人的身影却寥寥无几。任正非在"赴美考察散记"中提到："**参观这次国际展览，让我对国际电脑的发展大开眼界，找到了我国电脑工业将日落西山的感觉，找到了如果我们不拼命发展技术最终会丢失全部市场的感觉。华为这几年走过的路是对的，但还不够，应大胆地往前走、**

再往前走。"

　　同年，任正非还参观了美国国家半导体公司（National Semiconductor），他感叹道："在硅谷我们的感受最深，仿佛每根脉搏都在振荡。我们感受到了我们的科研方法还十分落后，研究管理水平还十分低下，效率还远远赶不上发达国家。值得庆幸的一点是我们的员工个人素质都不比美国公司差。因此要赶上美国，十分重要的一条就是改善管理。"

　　在参观完硅谷之后，任正非决定在硅谷中心区购买房屋，建立开发中心，把科研的成果与半成品放在那里优化设计，优化完之后再移回深圳生产，并在那里申请注册了一个华为全资的兰博技术有限公司。

　　20 世纪 90 年代，全世界通信厂家都把目光投向了中国这个世界最大、发展最快的市场。中外企业都在拼死争夺这个市场，导致产品不断"撞车"和市场供过于求。外国厂家依靠其强大的经济实力，很快就占领了大部分中国市场，其中包括经济发达地区的市场，而中国厂家只能靠边远区域的局部市场维持生存。在这种严峻的市场形势下，华为不得不开始思考自己今后的发展方向。

　　在那个年代，全球各地的通信水平存在较大差异，亚非拉等地区的通信普及率极低，这些地区的市场潜力巨大。而亚非拉区域大多是发展中国家，那里的人们普遍对价格非常敏感，都期待性价比高的通信产品。

　　当时，华为已经错过了 2G 时代的市场时机，他们没有时间喘息，也没有停下来，紧接着在 3G 技术上又展开了更大规模的研发和市场开拓，连续七八年每年投入近十亿元的研发费用，但却因为收不回成本而备受煎熬。虽然当时华为的产品和技术跟世界顶级通信设备供应商（如爱立信、西门子、阿尔卡特等）相比差距非常明显，但是通信技术当时处于快速发展阶段，新技术和新产品（尤其是无线 3G 技术）不断涌现、不断迭代。华为在国内市场已经积累了一定的技术实力和经验，希望通过出海拓展全球市场，获取更多的技术资源和市场机会，以保持在通信技术领域的竞争力。

基于以上描述的国内竞争激烈、亚非拉地区市场潜力大、新技术和新产品不断涌现这三个方面的原因，华为决定要在海外开辟第二战场，实现国内和海外双线发展。于是在 1996 年，华为正式开启全球化之路。

2006 年，任正非在回顾华为十年前的这个决策时，仍然非常感慨："十年前，公司走向海外的时候是两眼一抹黑，根本不知道客户在什么地方、如何才能见到客户。董事长（孙亚芳）是第一个踏上拉丁美洲的，我也是很早踏上非洲的。**那个时候，我们什么都没有，也不知道如何去做。如果我们不出来，后来我们遭遇了小灵通但没有做，CDMA 国内又没有选用我们的，手机在国内我们也没有及时得到许可……如果我们只坚持在国内奋战，我们公司现在可能已经在苟延残喘，不可能有今天这个局面。**所以大家背负着公司的希望走向海外，作出了许多牺牲，终于实现了救公司于生死存亡的理想，让我们在这个行业中生存下来了。"

二、出海决心：全球通信市场三分天下，华为必占其一

任正非在 20 世纪 90 年代一次公司内部讲话中说道："**历史把我们推到一个不进则退、不进则亡的处境，我们只能坚定不移地向国际知名公司看齐，努力实现全面接轨，否则随时都有破产的危险。山羊为了不被狮子吃掉，必须跑得比狮子快；狮子为了不饿肚子，必须比山羊跑得快。各个部门、各个环节都必须优化，将懒羊、不上进的羊、没有责任心的羊清理掉。**"

1994 年，华为自主研发的程控交换机上市。当时的通信市场环境不太好，很多厂家对"优质优价"的产品并不是很认可，他们认为做长线的通信设备与

产品技术需要大量投入，<u>企业负担重</u>，且困难重重；而短期行为则投入较少，利润却颇为丰厚。任正非认为，如果国内厂家继续不投入资金进行更新改造、加速科技研发，几年后国内市场将被外国企业一抢而光。他说："程控交换机技术关系到国家的安全，**一个国家没有自己的程控交换机，就好像没有自己的军队一样**。中国电子工业中，唯有程控交换机有可能成为中国的拳头产品。"

任正非认为，一支队伍要有战斗力，就必须有抱负和进取心。因此，1994年任正非提出**"未来十年，通信市场将三分天下，华为必占其一"**的伟大畅想，表达了成为世界级企业的愿景。这也为华为的发展指明了方向，激励着华为人不断前进。

1996 年，任正非提出："12 亿人口的泱泱大国必须要有自己的通信制造产业，华为作为民族通信工业的一员，已在拼尽全力向前发展，争取进入国家大公司战略系列。"

那时任正非已经意识到"打铁还需自身硬"，中国企业要发展，必须要自强自立。外国企业来中国都是为了赚钱的，它们肯定不会把底牌交给我们。它们转让技术的目的，都是希望你引进、引进、再引进，最终只能依靠它们，而不能自力更生。本想以市场换技术，结果市场丢光了，技术也没能真正掌握。他认识到，**没有自己的科技支撑体系，工业独立就是一句空话**。

中国是发展中国家，拿什么吸引这些发达国家呢？只有市场。人家不要土豆、洋葱市场，只要高科技市场，而通信市场则首当其冲。因此，**华为刚一成立，就在自己家门口碰上了国际竞争。当时，通信产品及高端技术都被那些世界知名公司垄断，因此，华为从成立之初就受到了它们的挤压，自身不硬就会粉身碎骨**。

1997 年，任正非提出："我们的竞争伙伴都是年销售额几百亿美元的厂商，而我们所有市场加起来还不到十亿美元。和这些大型国际公司相比，我们还非常弱小。我认为，三年以后华为的销售额会达到 20 亿～ 30 亿美元，但我们仍旧还是一只很小的'蚂蚁'，很容易被爱立信、AT&T 这些'大象'踩死。所以，我们必须保持警惕，要随时注意'大象'什么时候走过来，小心不要被它们踩死。"

华为自诞生之日起便如无畏的勇士般直面惨烈的战场。它面对世界知名公司的垄断和挤压毫不退缩，带着决绝的勇气冲入对手林立、竞争激烈的通信市场，誓要在那被巨头把控的领域中杀出一条血路，以昂扬的斗志、不屈的精神在国际舞台上展现属于自己的辉煌。

小结

企业出海没有鲜花和掌声，而是充满风险和各种不确定性

相比逐渐饱和的国内市场，海外市场蕴含着巨大的潜力。出海是企业迈向更广阔天地的必然选择：一方面，可获取更多资源与机遇，拓展业务领域；另一方面，能提升品牌的国际知名度和影响力。

然而，出海并非一路坦途，海外可能没有鲜花和掌声，只有重重荆棘。国际市场竞争激烈，而且企业还会面临文化差异、政策法规不同等诸多挑战。所以，企业要对海外市场进行深入调研，提前规划布局。即便遭遇困境，也要坚定信念，不能轻易放弃。只有带着"不达目的终不休"的强大决心和勇气直面风险，企业才能披荆斩棘，在海外市场站稳脚跟，收获成功的硕果，开启发展的新篇章。

第二章

出海意图：

立足全球视野，开辟第二根据地

出海意图是指企业在进军海外市场时所怀揣的目标与规划，涵盖了对海外市场发展规模的预期、期望达成的市场占有率、想要塑造的品牌影响力，以及企业家对于开拓海外市场所抱有的宏大理想与抱负等。

例如，华为的出海意图是在全球通信领域占据重要地位，致力于在全球通信市场"三分天下有其一"。从早期的艰难起步到后来在 5G 通信等领域取得领先地位，华为不断加大研发投入，在全球范围内构建通信网络基础设施，将业务拓展到众多国家和地区，立志成为全球通信行业的领军者。

再比如海尔，其出海意图是打造全球化的家电品牌。它不仅是出口产品，而且还通过在海外建立生产基地、研发中心和营销网络，实现本土化运营。海尔希望在全球家电市场中拥有较高的品牌知名度和市场份额，让海尔品牌在海外如同在国内一样深入人心，满足不同国家和地区消费者对家电产品的多样化需求，将海尔打造成具有全球影响力的家电巨头。

第一节　为什么需要有明确的出海意图

一、出海失败是大概率事件，海外不存在机会主义市场

根据我们对数百家出海企业的统计，真正出海成功的企业并不多，甚至不到 20% 的比例。因此，出海失败是大概率事件，这意味着企业不能盲目地进行出海尝试，而是要有备而战，需要有明确的出海意图。

没有明确的出海意图，企业就无法对海外业务进行长远规划。短期来看可能会有一些零星的订单，但从长期来看，由于没有持续的战略投入和品牌建设，企业难以在海外市场建立稳固的根基，无法聚焦于特定的市场定位或产品方向。

没有明确的出海意图，企业就没有清晰的方向和目标，可能会随意投入资源，在多个市场、多个领域分散发力，最终哪个市场都没有做好，导致出海失败，造成资源浪费。

例如，我们曾服务过江苏的一家提供通信产品的公司，该公司的海外销售收入多年来一直止步不前，始终维持在每年 3000 万～ 4000 万美元，也一直没有在海外市场找到新的突破口。我们对该公司的销售数据进行分析后发现，这些销售收入居然来自近 40 个国家，同时他们在每一个国家的市场占有率连 1% 都不到，都是一些零星的合同，并且都不是当地的主流客户。

于是，我问该公司的管理者对海外市场是如何定位的。他说出海是他们公司的首要战略，也是他作为一把手主导的项目。他的想法都很好，但是在公司层面并没有明确的出海意图，没有具体的战略目标，没有深入调查海外市场和客户，没有派优秀的人才到海外，也没有设立海外运作机制等，换句话说就是根本没有做好出海准备，只是把海外当作一个机会主义市场，做多做少全看运

气，基本属于"靠天吃饭"，这样的做法是很难取得成功的。

二、没有远大的出海目标，就不能坚定出海投入

出海意图就像航海时的指南针。没有清晰的出海意图，企业在海外市场就像无头苍蝇。一些企业在出海时没有明确的目标，只是跟风进入某个市场，结果发现自身的产品与当地的需求不符，或者因竞争过于激烈而无法立足。

我们服务过的一个上海客户，曾高薪聘请了一个国内专家陪同自己去考察非洲市场。在走访了肯尼亚、尼日利亚、加纳等国家之后，他发现当地缺电现象非常严重，每天只能市政供电 6 ～ 10 小时，其余时间都是靠柴油发电机发电。他认为光伏产业在非洲一定大有可为，于是回国后便大力筹备光伏产业，准备进军非洲市场。当我得知这一消息之后，问他是否做了市场调查，他说市场这么大不需要做调查。当我告诉他，仅国内就已经有超过 160 家成规模的光伏厂家在深耕尼日利亚市场的时候，他沉默了，并最终放弃了这个想法。

企业的资源毕竟是有限的，明确的出海意图能让企业根据目标合理配置资源。如果企业的意图是快速占领中低端市场，那么资源就会更多地向生产和销售环节倾斜，以提高产能和降低成本；若企业想树立高端品牌形象，那么资源就会重点投入到研发和品牌建设上，如加大技术研发投入、参加国际高端展会等。

我们服务过浙江一家家具螺帽制造企业（以下简称 A），A 公司成立于 2003 年，拥有 400 多名员工，年销售收入 2 亿元，其最大的海外客户是瑞典一家木制家具企业（以下简称 B），而 B 公司最大的客户就是宜家（IKEA）。B 公司要求 A 公司安排技术、品质、工艺等方面的五名工程师常驻瑞典，以便能及时对接宜家提出的需求并解决相关方面的问题。A 公司认为 B 公司的

要求不合理，成本太高，就不愿意安排人过去。在被 B 公司催促几次后，A 公司管理者就准备招聘一个英语好的应届生过去应付一下。我知道此事后，非常不支持他的做法，并给出了我的解决方案：（1）安排公司最优秀的人才过去常驻；（2）第一批先安排五个人过去，三个月内共安排 20 个人过去；（3）这 20 个人以后要常驻瑞典，以全面提升海外机构的能力。在这个案例中，A 公司的管理者就是没有坚定的出海决心，也没有宏伟的出海意图，以至于碰到这种"天上掉馅饼"的机遇时，不但接不住而且还不愿意主动去接。

明确的出海意图可以帮助企业在出海前进行充分的规划和准备。同时，它还可以使企业在面对出海过程中的各种挑战和困难时，能保持坚定的信念和清晰的思路，避免被所谓的"机会主义"误导而随意改变拓展方向或进行无意义的尝试，从而提高出海成功的可能性。

第二节　如何设立企业出海意图

设立企业的出海意图是一件简单但是非常有价值的事情。

出海意图也就是出海战略目标，它是企业海外战略的一部分。而海外战略又是企业总体战略的一部分，因此海外战略要遵循企业整体战略，出海意图要承接企业整体战略意图。具体来说，设立出海意图时主要考虑以下四个方面。

一、确保海外战略和企业总体战略目标的一致性

首先，我们要对企业的总体战略目标进行全面深入的分析，包括企业的愿景、使命、长期和短期目标等。例如，如果企业的战略目标是成为全球行业领

导者，那么海外战略就需要围绕在海外市场建立强大的品牌影响力、扩大市场份额等方面来制定。

其次，将企业战略目标按地域、业务板块等维度进行分解。例如，企业的战略目标是提高全球市场占有率，那么在制定海外战略时，就要根据不同海外市场的潜力和竞争状况，确定每个市场应承担的占有率提升份额；再如，企业的战略重点是技术创新，那么在海外战略中就要确保将足够的研发资源分配到海外研发中心，以推动相关技术在海外市场的应用和创新。

最后，设计与企业战略目标相一致的海外业务绩效考核指标，确保相关事项能落地。例如，企业的战略目标是提升客户满意度，那么在海外业务的绩效考核中，客户满意度指标就应占据较大权重。

下面，我们来看一个海外战略承接失败的案例。

2017年7月，国内两大共享单车巨头摩拜和ofo分别完成6亿美元和7亿美元的巨额融资，双方竞争进入白热化。而此时国内共享单车市场规模已逐渐见顶，海外市场正在成为下一个战场，谁能先抢占海外市场，谁就有机会终结这场共享单车之战。摩拜和ofo轮番对外宣布，要在2017年底进入全球200个城市，实现全球化的出海战略，并雄心勃勃地放出"走出国门，'骑'向世界"的豪言壮语。

然而，出海战略实施不到两年，摩拜和ofo就各自付出了惨重的代价。2019年3月，摩拜解雇了其在亚太地区的运营团队，这是摩拜在海外最核心的业务组织，这标志着摩拜已经彻底放弃国际业务；而ofo的国内业务岌岌可危，更加无暇顾及海外业务，最终也在2019年快速倒闭。

看上去无比宏伟的共享单车出海战略，却经不起仔细推敲。海外市场不够大、当地监管严格、运营成本高且利润低、海外出行习惯不同等，这些都是共享单车出海面临的根本性难题，而且这些难题都是无法凭企业投入人力和财力就能解决的。

这两家企业在国内都还没有度过生存期，一直靠不断"烧钱"续命，国内的战略规划都不清晰，商业模式也不完善。为了延续国内的战略目标，它们希望到海外尽快抢占市场，于是在海外就完全照搬国内模式。没想到匆忙杀入海外市场，反而加速了国内市场的衰退，最终导致国内市场和海外市场双双失利，两家企业也都因此而惨淡谢幕。

二、明确企业的定位和独特价值

企业在海外市场的核心竞争力体现在其定位和独特价值上，它与企业的出海意图紧密相关，因为它为企业的出海行动提供了一个明确的方向和着力点。如果没有独特的价值和定位，出海意图可能会变得模糊且缺乏重点，导致企业在海外市场中随波逐流、走到哪儿算哪儿，难以形成持续的竞争力。接下来，我们将从目标市场选择、产品和服务策略、营销与品牌建设三个方面对此进行阐述。

1. 定位和独特价值决定了企业的目标市场选择

企业在选择海外市场时，应参考自身的定位和独特价值。例如，我们服务的一家浙江高端床垫企业，以高品质、高价格的产品为独特价值，其客单价超过 2 万元，因此这家企业应选择那些消费能力较高、较注重产品品质的市场。事实也是如此，该企业 90% 的市场都在欧美地区。

2. 根据定位和独特价值来调整产品和服务策略

如果企业的定位是提供高性价比的产品，那么其产品策略就会侧重于降低成本同时保持一定的质量水平。但海外市场同样竞争激烈，那出海企业该如何避开成熟品牌，体现自己的独特价值呢？

杭州安致电子商务股份有限公司（以下简称安致）创立了户外运动服装品牌 Wantdo，开发了冲锋衣、滑雪服、棉衣、泳衣、童装等多条产品线。起初，该公司主打"专业户外服饰"，然而他们很快意识到这一领域已有诸多成熟品牌深耕数十年，尤其在欧美市场，这些品牌在用户心中的地位难以撼动。作为一个新兴品牌，安致在短期内无法直接与这些传统大品牌抗衡。因此，安致开始重新审视自身的定位，试图通过差异化战略脱颖而出。

2017 年，安致明确了全新的品牌定位——"通勤户外"，他们不再专注于"硬核户外"场景，而是针对日常通勤中面临的多变天气环境，来设计功能性服饰及配件。同时，他们将品牌标语从原来的"If you want to do it, do it now（想做，现在就做）"改成了"Rain or shine, grab and go（无论刮风下雨，拿起即走）"，更加贴合日常生活的使用场景。

在产品设计上，Wantdo 品牌不再主推专业户外功能，而是专注于防水、舒适、保暖、防污和快干等特性。例如，其代表产品防水冲锋衣，能够在中雨环境中保持长达两小时的防水效果，其防水性能远超普通户外冲锋衣。这种精准满足用户需求的产品迅速赢得了消费者的青睐，获得了超过 20 万用户的支持，其产品评论中甚至有人表示"期待再一次下雨"。

3. 定位和独特价值是营销与品牌建设的基础

明确自身的定位和独特价值也是企业开展品牌宣传和营销活动的基础。

例如，我们服务的一家做快递包装制品的广东企业，其定位为"全球缓冲类包装品种最齐全的制造商"，该公司 80% 的业务都来自海外。它以环保为自身的独特价值，提出"有限的资源，无限的循环"这一环保理念，在营销过程中不断强调其产品的环保特性，以吸引具有环保意识的消费者。同时，该公司狠抓产品质量，同样规格的包装袋要比同行的产品质量高出一两个档次。这样的经营理念使其得到了史泰博、欧迪办公、沃尔玛、亚马逊、联邦快递等一众海外客户的青睐。

三、构想企业 5 ～ 10 年的中长期出海目标

出海是一项长期的事业，也可以看作企业的第二次创业。因此，企业在思考出海战略目标时不能短视，不能只看到眼前的机会或困难，而应充分打开视野，抱着再次创业的心态去思考企业 5 ～ 10 年后的发展愿景。

1. 摆脱困境，开辟第二增长曲线

在国内市场，企业可能面临着诸如市场趋于饱和、竞争白热化、消费趋势变化、成本上升等各种困境，导致原有业务的增长空间受限。而海外市场提供了更为广阔的天地，不同国家和地区在经济发展阶段、市场规模、消费偏好、政策法规以及技术水平等方面存在显著差异。通过出海，企业可以将业务多元化，分散经营风险，开辟第二增长曲线。

比如，在新兴市场（如印度尼西亚），企业可以利用其快速增长的消费需求和相对较低的竞争压力等优势条件来迅速占领市场；在发达市场（如欧美国家），企业则可借助其先进的技术与管理经验来提高产品与服务的质量，不断提升自身的竞争力。

同时，企业还可以利用出海的机会整合全球资源，包括原材料采购、优秀人才招募、先进技术研发等，优化企业的成本结构与创新能力，从而在全球范围内寻找新的业务增长点，打造企业持续发展的新引擎。

例如，我们服务过的一家公司主要涉足建筑施工领域。鉴于国内房地产市场竞争激烈的态势，该公司积极迈向海外市场，全力进行海外拓展，期望海外市场能够成为其公司发展的第二增长曲线。

2. 做大规模，再造一个国内市场

随着国内经济的发展，部分行业的市场逐渐趋于饱和，可能将要触及行业天花板。比如在一些传统制造业领域，市场竞争激烈，增量空间有限。企业为了寻求更广阔的发展空间，必须将目光投向海外。

企业的发展需要持续的动力，在国内市场遇到瓶颈时，海外市场可以成为新的增长点。以互联网企业为例，阿里巴巴通过旗下的 Lazada 和 AliExpress 成功开拓了东南亚和欧洲市场，2023 年其国际业务收入近 700 亿元，同比增长 25% 以上；拼多多的 Temu 自 2022 年进入美国市场后，通过低价策略迅速占领当地电商市场，并在 2023 年"黑五购物节"期间大幅提升了销售额，其 2024 年上半年销售额达 200 亿美元，超过 2023 年全年销售额；字节跳动在海外通过 TikTok 扩展用户群，截至 2023 年，其全球月活用户超过 15 亿，广告收入也迅速增长；快手则在南美和东南亚市场扩展直播电商业务，通过本地化运营提升国际用户参与度。这些企业通过技术输出与商业模式复制，在海外市场找到了新的增长点，实现了业务的全球化扩展。

2022 年，我们服务过的客户苏州正耀电子有限公司组织了一场为期两天的出海战略研讨会。通过讨论，大家坚定了出海决心，拟定了宏伟的出海战略目标——力争五年内在东南亚再造一个与自身在国内的市场规模相当的海外市场，以实现国内和海外的双线发展。

从战略布局来考虑，企业通过在全球各地打造生产基地和销售网络，可以规避并更好地应对过度依赖单一市场带来的各种风险。当企业增长乏力、所处行业的国内市场趋于饱和的时候，就需要及时调整战略方向，把眼光投向海外，在更大的市场空间中寻找机会，比如在海外再打造一个与国内市场规模相当的海外市场等，以实现企业的高速增长。

3. 构建海外粮仓，反哺国内市场

国内许多行业的市场已经趋于饱和，竞争极为激烈。企业在国内面临着同行的价格战、同质化竞争等问题，导致利润空间被不断压缩，甚至出现盈利困难的局面。例如，在一些传统制造业领域，大量企业聚集在有限的市场，使得产品价格难以提升，成本却居高不下，盈利变得愈发艰难。

根据我们对服务过的出海企业的统计，海外市场的平均毛利率要高于国内市场 15% 以上，部分行业甚至要高于 30% 以上。

许多海外国家和地区存在着尚未充分开发的市场，对各类产品和服务有着强烈的需求。以非洲、东南亚等新兴市场为例，随着当地经济的发展和人口的增长，基础设施建设、消费品等领域的市场空间不断扩大。企业可以利用这些机会，开拓新的业务领域，以获取高额利润。

我们服务的一家国有企业，其海外销售收入占比不到 10%，但是利润占比却达到了 60%，这就是典型的以海外粮仓反哺国内市场，实现国内、国际双驱动发展。

当企业在海外市场获得丰厚利润并反哺国内市场时，其整体抗风险能力将得到增强。即使国内市场出现波动或危机，企业也可以凭借海外市场的盈利来维持运营、稳定员工队伍、保障自身的持续发展。这种多元化的盈利模式有助于企业在复杂多变的市场环境中生存和发展。

华为从 1996 年开始拓展海外市场，但真正确定将全球化作为公司最重要的战略是在 2005 年，即在海外业务拓展的第九年。其中有三个目标：首先，

做到真正的全球资源整合，即充分利用全球资源，基于自身优势来做全球的生意，以实现成本最优、效率最高；其次，实现本地化经营，建立本地化的团队，真正面向本地客户、本地市场，这些团队可以单独做出经营决策、开展经营活动；最后，华为希望在有业务运营的国家及地区打造良好的商业环境，使当地人都感觉到华为实实在在地融入了当地社会，是名副其实的全球化公司。也正是在 2005 年这一年，华为的海外销售额首次超过国内，也由此逐步走上全球化运营之路。

四、设立企业 3 ～ 5 年的短期出海目标

从企业出海的短期目标来看，市场是关键点，怎么切入市场和突破市场是主要矛盾。突破市场只是手段，最终目的是实现预期经营目标。从经营结果来看，什么时候海外公司能够养活自己，以及海外公司可以养活整个企业，是非常重要的两个节点。

1. 出海第一阶段：**海外公司能养活自己，不再需要企业补贴**

企业在出海的初期，需要从国内市场调配资源来支持海外业务的拓展。这就如同在新的土地上播种，前期需要投入种子、肥料等资源，然后才会有收获。**企业决策者要有长远的眼光和足够的魄力，认识到前期投入是打开海外市场的必要成本。"将欲取之，必先与之"，没有投入就没有回报，要敢于针对海外市场大胆做战略投入。**同时，也要避免过度投入导致资源浪费，确保资源投入的合理性和有效性。

相比国内市场，海外市场空间较大，盈利有保障，竞争压力也没有那么大，只要找准方向，是比较容易取得突破的。因此，对海外市场而言，利润追

求应该放在首位，除了 B 端市场的战略市场、战略产品和战略客户或 C 端市场的引流产品和初期拓展，原则上要求每单必盈利。**企业应制定适合当地的市场策略，不能把国内市场的一些做法照搬到海外市场，不要盲目去打价格战，不要破坏当地的营商环境。**

企业在海外的业务要尽早实现自负盈亏，不再依赖国内的持续输血。这是出海企业第一个阶段的核心目标，也是基本原则。**要打造海外市场的自我造血功能，不能出现国内、国际市场双胶着状态，要明确每个产品和每个区域实现"养活自己"这一目标的期限（如一年、三年等），这能给海外团队带来紧迫感，促使他们高效开展工作。**

例如，华为要求海外每个代表处的贡献利润率不能低于 15%，如果低于 15% 就意味着不能养活自己，还需要公司来补贴；如果高于 15% 就说明能养活自己，还能给公司做出一定的利润贡献。

2. 出海第二阶段：海外公司可以养活整个企业，成为企业的大粮仓

企业在海外的发展到达一定阶段后，盈利有了基本保障，这时就相当于企业在海外建立了一个大粮仓，可以不断向国内市场提供"粮食"。此时，海外市场成为企业的主要利润来源，这是每一个出海企业都希望达成的理想目标。

在这个阶段，企业的国内市场和海外市场是什么关系呢，又分别如何定位呢？

我们主张，**守住国内大本营，稳步推进海外市场发展，形成国内、海外双循环。国内追求规模，海外追求利润；国内注重经营底盘，底盘要稳；海外注重发展盘，发展要快。**

如果企业尚未在国内市场站稳脚跟就盲目出海，必然会分散企业有限的资源，从而使企业在两个市场上都陷入被动，比如进入海外市场却丢了国内市

场，或者海外市场颗粒无收而国内市场也原地踏步。**请记住，企业的国际化是以国内市场的成功为前提的。**

为什么企业在国内市场要追求规模呢？首先，在国内市场追求规模可以使企业占据更大的市场份额，而较大的市场份额能提升企业在行业内的话语权，增强对上下游产业的议价能力；其次，大规模的业务量有助于树立企业在行业内的标杆地位，引领行业的各项标准和发展趋势；最后，随着业务规模的扩大，企业能够更好地实现规模经济。大规模生产可以降低单位产品的生产成本，这是因为固定成本被分摊到更多的产品上。

为什么企业在海外市场要追求利润呢？首先，企业在海外面临着较高的运营成本，如开展市场调研、建立海外分支机构、适应当地法律法规和文化差异等方面的成本，较高的利润可以弥补这些额外的成本支出；其次，海外市场环境复杂多变，存在政治风险、汇率风险、贸易壁垒等诸多不确定因素，较高的利润可以为企业应对这些风险提供资金缓冲；最后，从务实的角度来看，如果企业在海外都不赚钱，还需要靠国内"输血"，导致国内市场和海外市场都经营困难，甚至会把国内市场拖垮，那企业出海有什么意义呢？因此，海外追求利润不仅是当期经营所需，也是未来发展所需。

目前，大部分成熟出海企业的业务模式是通过海外业务的高利润为国内业务提供资金支持，用于国内市场的产品研发、技术升级、渠道拓展等方面，再反向带动海外业务的发展。它们的成功充分说明了这样的业务模式是合理的、可行的。最终，海外业务不仅为公司提供了利润，还能在战略、技术、品牌等多个方面支撑企业的整体发展，推动企业早日实现全球化目标。

小结

地球很大，梦想很大，勇敢提出企业的出海追求

地球广袤无垠，承载着无数的机遇与可能。随着全球化的深入发展，越来越多的中国企业在这片广阔天地中开始了追逐梦想的征程。

在 20 世纪 90 年代，华为时任董事长孙亚芳意识到"过分依赖国内市场对公司来说是相当危险的"，于是决定大踏步走向海外。**华为进入国际市场不是短期的投机行为，而是基于公司"活下去"的基本目标。在华为，"活下去"与"走出去"是紧密联系的——要活下去，就必须走出去；而只有走出去，才能更好地活下去。**

华为在确定了全球化战略和"活下去"的出海意图后，就坚定不移地持续"压强式投入"，以超过绝大多数竞争对手的强度投入资源，要么不做，要做就投入极大的人力、物力和财力，确保这一出海意图的落地。

企业家们应大胆构筑宏伟的出海蓝图，这是对企业未来的深远谋划，也是在全球舞台上彰显企业实力的勇敢之举。让我们在全球的广阔空间中，践行伟大的出海意图，开启中国企业的全球荣耀之旅。

第三章

出海洞察：

没有前瞻性的洞察，就没有准确的出海方向

　　什么是市场洞察？市场洞察是对市场动态、消费者行为、竞争对手以及行业趋势等多方面信息进行深入的收集、分析和解读的过程。它涵盖了市场环境分析、行业趋势分析、客户需求分析、竞争对手分析及企业内部分析。通过市场洞察，企业可以更好地理解市场环境，识别机会和威胁，优化产品和服务，以提升自身竞争力。

　　什么是出海洞察？出海洞察是指企业针对海外市场所进行的深入、系统的信息收集、分析与解读的过程。它聚焦于企业即将进入或已经进入的海外区域，对其从多个层面展开调研与剖析。出海洞察包括行业洞察和国别洞察。

　　行业洞察是指针对目标海外市场所进行的系统性研究，涵盖行业结构、市场规模、增长潜力、竞争格局、产业链上下游等多个方面。它不仅需要深入研究目标客户的特征、消费习惯、文化偏好，还要对当地竞争对手的产品定位、价格策略、营销方式及供应链、销售渠道等进行全面考察，旨在为企业制定精准的市场进入和竞争策略提供依据。例如，中国企业针对全球建筑玻璃行业的洞察就属于行业洞察。

国别洞察是指企业或组织在进入某个特定国家市场之前，对该国家的经济、政治、法律、文化、消费者行为、市场竞争等方面进行深入调研和分析，全面了解该国家的市场状况及潜在的风险和机会。这种洞察可以帮助企业在全球扩展过程中做出更为明智的决策，避免盲目进入某个不熟悉的国家或地区，减少海外拓展的风险，提高企业出海的成功率。例如，中国企业针对印度尼西亚的市场准入洞察就属于国别洞察。

第一节　为什么需要做出海洞察

一、不洞察就出海，只能像无头苍蝇般到处乱撞

最近出国了几次，在飞机上碰到不少海外考察团，每次我都会跟他们聊几句，问问他们打算前往考察的国家和相关行业情况，却发现大部分企业家对所去的国家一无所知，对自己行业在该国的情况也不甚了解，基本属于"摸瞎"的状态。

这些考察团到了目的地后，一般会被组织参观本地各类企业，与当地政府的各个部门对接等，日程都排得满满当当的，基本每天从早上9点忙到晚上12点，比在国内上班都辛苦。但是几天忙下来，问他们收获了什么、有什么体会、接下来将有什么具体行动等，他们大多一脸茫然。

不做出海洞察就盲目出海，只能像一只无头苍蝇般到处乱撞。去一个国家之前，如果不提前做足功课，比如没有对这个国家进行深入了解、没有设立考察预期、没有列示考察验证事项等，到了当地就只能是"跟团游"。

走向海外，就犹如进入一个全新的领域。**企业需要面对新的市场规则，从学习规则、理解规则、掌握规则，到运用规则和主导规则，以上每一步都不能**

少，否则后期都会补交高昂的学费。走向海外，也意味着企业的经营体系和管理体系都要与国际全面接轨，即企业的经营理念、产品与技术、组织运作体系、企业文化、内部运营体系、管理机制与制度等要全面地接受国际市场规则的考验。这是一个巨大的考验，如果企业要深耕海外市场，就必须遵守国际市场的规则。因此，**企业出海的成败不仅取决于过去的管理积淀，还依赖于对未来的适应能力。全球化的第一步就是通过出海洞察减少信息差，从而了解、熟悉并掌握海外市场的具体情况。**

二、世界很大，市场很多，明确切入点很重要

我们先来看看世界到底有多大。根据统计数据，截至 2024 年，全世界共有 224 个国家和地区，人口超过 80 亿。2023 年，全球 GDP 达 104.79 万亿美元，全球贸易总额达 31 万亿美元。通过人口、GDP 和贸易总额对比来看，全球市场差不多相当于五个中国市场（图 3-1）。

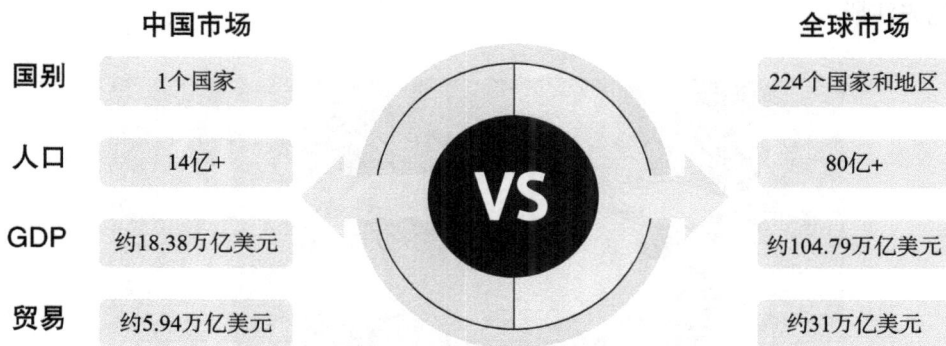

中国市场	VS	全球市场
国别　1个国家		224个国家和地区
人口　14亿+		80亿+
GDP　约18.38万亿美元		约104.79万亿美元
贸易　约5.94万亿美元		约31万亿美元

图 3-1　中国与全球的宏观对比

世界很大，市场很多。我们去哪里，应该从哪里切入，切入的条件是什么，等等，回答这些问题的前提条件是对目标国别非常了解，如此才能做出正

确的决策，精准地找到市场的突破口，打好海外攻坚第一战。

如果不对目标国别进行深入洞察，将会面临哪些风险呢？

1. 法律与合规风险

每个国家的法律法规都不尽相同，如税收政策、外汇管理政策、知识产权保护政策、环境保护政策、劳动保护政策、商标管理政策等。如果不做国别洞察，企业就无法全面了解目标市场的法律法规，在市场拓展过程中可能触犯当地的法律法规，导致企业遭受罚款、法律诉讼、自身声誉受损甚至业务停滞等后果。

泰国皇家 50R 集团是一家从事零售、新能源、旅游、房地产、餐饮等多元化经营管理的泰国本土企业。泰国瑞幸咖啡是该集团的下属公司（以下简称泰国瑞幸），现已在泰国发展经营了十几家门店。该公司的品牌商标与中国咖啡连锁品牌瑞幸咖啡（以下简称中国瑞幸）的商标极为相似，只是鹿头的方向相反（见图 3-2）。2021 年 7 月，中国瑞幸向泰国知识产权局提出"瑞幸咖啡"商标注册申请，并计划在泰国开展业务，但发现多个相关商标已被 50R 集团抢先注册。

图 3-2　中国瑞幸（左）与泰国瑞幸（右）的商标对比

于是，中国瑞幸向泰国当地法院提起诉讼，起诉多个相关当事人。2022年11月，泰国法院公布一审判决，判中国瑞幸胜诉，要求被告撤销相关商标注册并停止使用该商标。然而，50R集团于2023年3月提起上诉，泰国法院在同年12月1日公告宣布中国瑞幸败诉，驳回其商标侵权主张。据悉，泰国实行"申请在先"原则，且50R集团的商标与中国瑞幸的商标并不完全相同，这可能是中国瑞幸败诉的原因。随后，50R集团又直接起诉中国瑞幸，提出巨额赔偿要求。此案例表明，企业在进入新市场前，需深入了解当地诸如知识产权保护等各类法律法规，否则可能会给品牌带来严重损失。

2. 摸不准市场需求

不同国家的消费者行为和市场需求差异巨大。不进行国别洞察，企业可能会对当地的市场需求产生误判，导致产品不符合当地消费者需求、营销策略失效、定价策略失误等，额外增加市场拓展成本。

例如，美国消费者对产品质量和售后服务的要求通常比中国消费者更高。拼多多的海外版Temu最初未能充分应对这些需求，导致当地消费者对其产品质量和物流速度产生不满。为适应美国市场，Temu不得不加强产品质量监控，并优化物流和客户服务体系，以应对更高的客户服务期望。

3. 经济和政治风险

如果不了解目标国家的经济环境，企业可能会受到汇率波动、通货膨胀等因素的影响，导致利润受损。

如果目标国家的政治局势不稳定，企业可能面临突如其来的政策变化或社会动荡，导致业务中断。

如果未事先评估目标国家的国际贸易政策和外交关系，企业可能遭遇进出口限制、关税政策变化等不利因素，导致运营成本增加。

4. 文化差异

文化差异是企业在出海过程中经常遇到的问题。如果企业不提前了解目标国家的文化背景、风俗习惯和社会规范等，可能会因文化差异而"水土不服"，比如与当地员工、合作伙伴的沟通存在障碍，进而影响工作效率和合作关系，导致企业利润减少或品牌形象受损。

很多西方国家与中国在价值观、思维方式、生活方式、工作方式等方面都有着巨大的差异。例如，中国更注重整体，西方更注重个体；中国更注重精神感受，西方更注重实用感受等。

因此，如果不进行国别洞察就盲目进入海外市场，企业将面临法律与合规、竞争、经济和政治，以及文化等多重风险，大大增加了失败的可能性。而通过系统的国别洞察，企业能够识别并规避这些潜在风险，制定更加精准的市场进入策略，从而提升出海的成功率。

三、行业很大，机会很多，找准细分市场很关键

中国市场够不够大呢？已经很大了。2023 年我国 GDP 为 126 万亿元，其中第一产业增加值为 9 万亿元，第二产业增加值为 48 万亿元，第三产业增加值为 69 万亿元。

那全世界的市场有多大呢？基本相当于五倍中国市场的体量。简单来说，就是当你认为在国内市场已经看到天花板了，那么出海后你就能在天花板上再盖四层楼，即把行业市场空间再扩大四倍，这就是出海的意义。

全球市场这么大，具体到不同行业又如何呢？根据统计，全球超过 1 万亿

美元的行业非常多，以下细分领域都是"万亿美元俱乐部"成员，具体如表3-1所示。

表 3-1　全球市场超过 1 万亿美元的行业分布

大领域	细分领域	具体行业
科技行业	信息技术和软件服务	云计算、企业软件、人工智能、数据分析
	智能设备和消费电子	智能手机、电脑、平板电脑、可穿戴设备
	半导体产业	智能设备、汽车、家电
金融服务行业	银行和金融服务	零售银行、投资银行、支付处理和保险
	资产管理与投资	基金、对冲基金、养老金和私人股本
能源行业	石油和天然气	勘探、生产、炼化、运输和销售
	可再生能源	太阳能、风能、水电
医疗健康行业	制药产业	处方药、疫苗、非处方药
	医疗设备及服务	诊断设备、手术器械、医院管理服务
汽车与交通行业	汽车产业	整车制造、汽车零部件、汽车后市场服务
	物流与运输	航空、铁路、公路运输以及供应链管理
房地产行业	商业与住宅房地产	住宅、商业地产、工业地产的开发、销售和租赁
食品与饮料行业	食品生产与供应链	农产品、加工食品、饮料、快餐和餐饮服务
电信行业	电信服务与基础设施	移动通信、固定宽带、光纤网络以及相关基础设施建设
电子商务行业	全球电商	全球电子商务市场
媒体与娱乐行业	媒体与娱乐	电视、电影、音乐、广告、出版、游戏

通过表3-1可以看出，这里面没有陌生行业，基本都是国内常见的行业。那在不一样的市场，同样的行业能否实施同样的市场策略呢？答案当然是否定的。我们到了海外，首先需要了解同行业在国内外市场的不同之处，否则就会面临一系列的风险，比如产品不适合当地需求、文化差异导致营销失败、法律与合规风险增加、定价策略失误和市场渗透不足等。

那么，我们该如何通过行业洞察来寻找哪里更有市场空间和发展潜力呢？又如何结合洞察分析来调整产品策略和市场策略呢？接下来我们看一个海外时尚产品——扫地机器人的案例。

通过行业洞察发现，2023年海外扫地机器人市场规模合计约为51亿美元，2019—2023年复合增长率（CAGR，Compound Annual Growth Rate）为15%。分地区看，2023年亚太、北美和西欧扫地机器人市场分别占海外市场总规模的16%、36%和35%，2019—2023年复合增长率分别为8%、17%和11%；而东欧、拉丁美洲的扫地机器人市场规模分别为7%和4%，2019—2023年复合增长率分别为27%和36%，是增长较快的新兴市场。通过以上洞察发现，欧美是海外扫地机器人市场的主战场。

作为国内行业头部企业，石头科技针对不同的目标市场，深入开展了大规模的市场调研。在美国地区，石头科技曾组织过近千人规模的用户访谈。调查后发现，近80%购买扫地机器人的家庭都养了宠物，40%的消费者认为墙边的清扫效果不理想，30%的消费者认为拖拉过程较费劲。针对他们的痛点，石头科技着手研发新款产品，成功解决了墙边清扫不足以及拖拉问题。

同时，石头科技经过调查发现，扫地机器人的消费者画像明显偏向于男性，特别是中青年已婚男性。因此，他们在投放广告时会使用较有科技感的图片去突出科技方面的卖点，以此来吸引男性消费者。

石头科技做了详细的行业洞察和消费者行为分析，创造性地开发了解决特定问题的新产品，调整了产品的营销策略，因此海外市场得以快速突破。在这个细分行业，石头科技2023年实现了86亿元的销售收入，取得了理想的出海成绩。

如果中国企业在进入海外市场时不进行行业洞察，将会面临需求误判、竞争失利、技术落后、资源浪费等诸多问题。**低廉的人力成本、产品或服务的低**

价策略，并不是让你顺利进入海外市场的通行证。行业洞察不仅能帮助企业规避风险，还能让企业更好地抓住市场机会，制定有效的市场切入策略，提升出海成功的可能性。

第二节 如何做出海行业洞察

在分析海外市场的时候，我们最需要的资料就是行业洞察报告。但不管是央企、国企还是民营上市公司，都很少有针对海外市场的行业洞察报告。大家的理由基本都是一样的：之前没有做过海外洞察，拿不到相关数据，也不会做海外分析。这是事实，也是很普遍的现状。

出海行业洞察真的有那么难吗？

我们服务过江西的一家建筑类企业，该企业管理者在去海外考察之前，向我请教该如何做好考察工作。我给了他以下建议。

考察团队： 管理者本人；从国内带一个懂建筑行业且英文熟练的考察助理；再在当地找一个懂建筑行业且英文或中文熟练的本地人兼职做司机。

考察装备： 租赁一辆皮卡车，在车斗里装满饮料、当地比较好的香烟，用于赠送给工地现场的包工头或负责人。

考察地点： 有脚手架的建筑工地现场。

考察对象： 工地现场的包工头或负责人。

考察事项： 建筑项目的来源和签约路径；甲方、总分包方、第二分包商都是谁；当地项目的合同模式；当地项目的平均实施周期和各环节周期；当地材料的价格和来源，如钢材、玻璃、水泥、沙子等；当地工人的雇用模式、工作时长、工作习惯、劳动力成本等。最好在国内就提前准备好考察事项清单，到了当地再逐项核实。

通过以上方式，每天考察 6 ～ 8 个工地，连续考察 3 ～ 5 天，基本上就可以对当地建筑市场的主要参与者、签约方式、材料的价格基线和工期的时间基线都能有所了解了。

该管理者听完之后顿悟，感慨之前的考察都白做了，这才是真正的"摸市场"，拿到的都是第一手信息。以上这种"摸市场"的方式，其实就是行业洞察。

现在是数字化时代，不需要每个行业都跑到现场去做调研，我们可以借助专业机构或互联网信息完成行业洞察报告。在近三年时间里，我们先后洞察了 14 个行业在海外市场的情况，具体包括软件、医疗设备、实体零售、电商平台、能源设备和服务、电力设备、汽车零部件（上下游）、基础设施建设、建筑材料、食品零售、家电、可穿戴设备、职业培训、化工。在分析这些行业的时候，我们总结了一套海外行业洞察模型，主要是从市场规模与增长趋势、市场需求与供给、主要细分行业类型、驱动因素及政策法规的影响、竞争格局和主要参与者五个方面进行详细的洞察。

下面我们结合基础设施建设行业来探讨如何做行业洞察。

一、市场规模与增长趋势分析

首先，我们要了解行业的现有市场容量，包括销售额、收入或用户量等数据。通过这种分析，企业可以评估行业的整体规模和影响力，判断是否有足够的机会进入市场；还可以了解市场的饱和情况，以及是否仍有未开发的领域或新兴市场。对于成熟市场来说，寻找新的增长点尤为重要。

其次，总结过去和展望未来。通过分析过去几年的市场增长数据，企业可以评估行业的历史增长率，了解其是处于幼稚期、成长期、成熟期还是衰退期，预测未来几年市场的增长潜力（通常以复合增长率来衡量）。再结合经济环境、技术革新和消费趋势等因素，企业可以判断行业未来的可持续增长性，并评估长期投资价值。

最后，分析推动行业增长的关键因素，如技术创新、政策支持、消费需求变化等，理解这些因素有助于企业判断行业的可持续性。

具体到基础设施建设行业来说，全球基础设施建设市场在 2023 年的总规模约为 5.7 万亿美元，预计到 2028 年将达到 7.8 万亿美元，复合增长率（CAGR）约为 6.2%。

这一增长趋势主要受到以下几个因素的推动。

（1）**城市化进程加快**：全球城市化率不断提高，尤其是在亚非拉等新兴市场，城市基础设施需求激增。

（2）**经济复苏与发展**：全球经济逐步从疫情影响中复苏，各国纷纷加大基础设施投资，以刺激经济增长。

（3）**技术进步**：新技术的广泛应用，如物联网、大数据、人工智能等，提高了基础设施建设的效率和质量。

（4）**环保和可持续性发展的需求增长**：各国对绿色基础设施和可再生能源的需求增加，推动了相关项目的增长。

二、市场需求与供给分析

市场需求分析，主要是了解市场上主要的客户群体是谁，包括他们的年龄、性别、收入、地理分布、职业等基本属性及其消费习惯和偏好等，这有助于企业识别核心客户和潜在的细分市场；研究市场需求的增长或萎缩趋势，了解需求的季节性变化、新兴需求以及技术、政策或文化变化对需求的影响；评估目标市场的整体购买力，分析客户的支付意愿和需求的潜在规模，以判断市场的容量和发展前景。

市场供给分析，主要是了解市场上主要的供应商、生产商及其市场占有率，分析他们的供应链和生产能力，评估市场供给是否稳定、充足；分析行业内产品的定价策略，了解价格波动背后的影响因素（如原材料成本、技术投入、市场竞争等），并判断市场价格走势；评估市场中的供给是否过剩，判断市场的饱和程度，以及现有供给是否能够满足当前的市场需求。

具体到基础设施建设行业来说，市场需求除了来自前文所述的**城市化进程加快、经济复苏与发展、技术进步、环保和可持续性发展的需求增长之外，还来自发达国家老旧基础设施的更新换代。**

近些年来，全球主要的基础设施建设企业通过技术创新和规模效应，提升了市场供给能力。以下是供给方面的三个关键点。

（1）**技术创新**：新技术的广泛应用提高了建筑效率和质量，如 BIM（建筑信息模型）、物联网、大数据和人工智能等。

（2）**国际合作**：跨国公司和国际合作项目的增多，提升了全球基础设施建设的水平和效率。

（3）**资本投入**：各国政府和私人资本的投入增加，特别是通过 PPP（公私合作伙伴关系）模式，缓解了资金不足的问题。

三、主要细分行业类型分析

企业通过深入了解各个细分行业的特性，审视其发展潜力和市场结构、市场规模和增长率、行业需求和发展趋势、竞争格局、利润率与成本结构、技术与创新方向、法律与政策环境等，可以更好地选择适合自身的细分市场，制定有效的市场进入策略。

具体到基础设施建设行业来说，全球基础设施建设市场主要可以分为以下细分行业。

1. 交通基础设施

占比约为 40%，主要项目包括铁路、公路、机场和港口建设。交通基础设施是连接城市和地区的重要纽带，提升了人员和货物的流动性。

（1）铁路项目：高铁和地铁建设，如中国的京沪高铁和美国的加州高铁项目。

（2）公路项目：高速公路扩建和新建，如印度的金奈—班加罗尔高速公路项目。

（3）机场项目：机场扩建和新建，如迪拜国际机场扩建项目。

（4）港口项目：港口升级和新建，如新加坡港口扩建项目。

2. 能源基础设施

占比约为 25%，主要项目包括电网、可再生能源设施和油气管道建设。能源基础设施在保证经济和社会稳定运行方面具有至关重要的作用。

（1）电网项目：智能电网和电力传输线建设，如德国的北南电网项目。

（2）可再生能源设施项目：太阳能、风能、水电等设施建设，如澳大利亚的太阳能农场项目。

（3）油气管道项目：跨国油气管道建设，如中俄东线天然气管道项目。

3. 水利基础设施

占比约为 15%，主要项目包括水处理、供水系统和防洪工程建设。水利基础设施对于保障民生和保护生态环境具有重要作用。

（1）水处理项目：污水处理厂和饮用水处理设施建设，如埃及的开罗污水处理项目。

（2）供水系统项目：城市供水管网和乡村供水系统建设，如印度的农村饮水安全项目。

（3）防洪工程项目：堤坝和防洪工程建设，如美国的新奥尔良防洪工程项目。

4. 城市基础设施

占比约为 20%，主要项目包括地铁、城市综合体和智慧城市建设。城市基础设施是提升城市生活质量和竞争力的重要因素。

（1）地铁项目：城市地铁新建和扩建，如伦敦的地铁扩建项目。

（2）城市综合体项目：大型商业和住宅综合体建设，如上海陆家嘴的金融中心项目。

（3）智慧城市项目：城市智能管理系统和智能建筑建设，如韩国的松岛智慧城市项目。

四、驱动因素及政策法规的影响分析

从行业分析来看，主要的驱动因素包括行业驱动和政策法规驱动。

1. 行业驱动因素

本部分主要是分析消费者需求的增长趋势，看是否有某些特定产品或服务的需求在上升，如新兴市场的扩张、消费升级、人口增长等；考察宏观经济环境对行业的影响，研究 GDP 增速、利率、通货膨胀率、汇率等经济指标，分析这些因素如何推动或限制行业的发展；评估行业内的技术进步和创新如何影响行业竞争格局，如新技术应用、数字化转型、自动化等。

2. 政策法规影响

不同国家或地区的行业监管政策，包括认证许可、合规标准、质量控制等，可能会直接影响行业的准入门槛和运营模式。许多行业（如能源、制造业等）会受到环保法规的影响，企业需要符合相关的排放标准、节能要求等，这些政策可能增加企业的运营成本或激发企业的技术创新；另外，还需研究政府针对该行业的税收政策、关税措施或财政补贴政策，分析这些政策对行业发展有支持作用还是会带来负面影响。

通过分析行业驱动因素及政策法规的影响，企业能够预测行业未来发展趋势，并评估外部环境如何影响其业务运营和战略决策。

例如，**亚太地区基础设施建设市场的主要驱动因素包括经济增长、城市化进程加快、政策支持和技术创新等。**很多国家的政府均推出了不同的发展计划和政策，以促进基础设施建设。

（1）印度：推出"基础设施愿景 2025"，计划在五年内投资 1.5 万亿美元，用于交通、能源和水利等领域。

（2）印度尼西亚：推出"国家中长期基础设施发展计划"，计划在五年内投资 4000 亿美元，用于交通、能源和水利等领域。

（3）越南：推出"越南 2030 年基础设施发展战略"，计划在十年内投资

3000 亿美元，用于交通、能源和通信等领域。

（4）泰国：推出"泰国基础设施发展计划"，计划在五年内投资 1500 亿美元，用于交通、能源和水利等领域。

五、竞争格局和主要参与者分析

通过竞争格局和主要参与者分析，企业可以了解行业内主要竞争对手的市场份额，找出市场上的领导者、挑战者、跟随者以及新进入者。这有助于判断行业的集中度和主要竞争对手的实力。

（1）分析竞争对手的产品线、技术特点、产品差异化策略等，重点关注他们的核心竞争力所在，如技术优势、品牌影响力或客户服务质量等。

（2）研究竞争对手的定价模式，判断其是采用低价策略、溢价策略还是动态定价策略。企业通过对比定价策略，可以了解市场的价格敏感度，以便更好地定位自己的产品。

（3）分析主要竞争对手的市场推广策略，包括广告投放、品牌建设、市场渠道选择、社交媒体营销等。通过这种分析，可以了解竞争对手如何吸引并留住客户。

（4）了解竞争者的运营模式，如是否采取直销、分销、加盟等形式，分析其商业模式的优劣势，这样有助于优化自身的业务流程。

通过以上关键点的分析，企业可以深入了解竞争对手的实力、弱点和市场机会，从而制定更加有效的竞争策略。

具体到基础设施建设行业来说，除中国企业外，亚太区域的主要参与者还有以下企业。

（1）印度：Larsen & Toubro、Reliance Infrastructure、GMR Group、Hindustan

Construction Company 等。

（2）印度尼西亚：PT Wijaya Karya（WIKA）、PT Waskita Karya、PT Pembangunan Perumahan（PP）、PT Adhi Karya 等。

（3）越南：Coteccons、Hoa Binh Construction Group、Vingroup、FLC Group 等。

（4）泰国：Italian-Thai Development（ITD）、Sino-Thai Engineering & Construction、CH.Karnchang、Unique Engineering and Construction 等。

行业洞察是企业在复杂市场中制定战略决策的关键工具。在全球化和科技迅速发展的背景下，行业洞察的重要性日益凸显，它不仅让企业对市场需求、竞争格局、技术趋势有了深刻理解，还能帮助企业发现潜在的机会和隐藏的风险，避免企业因盲目进入市场而产生资源浪费或与市场需求脱节，从而更好地进行市场定位和产品创新。

第三节　如何做海外国别洞察

企业为什么要出海？主要就是为了占领海外市场，扩大企业的生存空间，提高企业的生存质量。对于季节性很强的行业来说，比如羽绒服，如果只做国内市场，那么夏天就是"半躺"的状态；而如果做全球市场，在北半球夏天的时候是不是可以做南半球的生意呢？这就是"东方不亮西方亮，黑了南方有北方"。

世界很大，有发达国家和发展中国家、资源丰富国家和资源贫瘠国家等，不同国家和地区的差别很大，跟不同国家做生意的方式也不一样。为了进一步了解各个国家，我喜欢跟常驻海外的朋友交流，交流时最喜欢问他们的问题，就是用三句话总结他所在国家的特点。

例如，某位在印度尼西亚常驻了十年的朋友对该国的总结是：

东盟最大人口国（2.8 亿），年轻人口（19～24 岁）多达 7000 万，拥有人口红利；

经济发展快，未来十年预期 GDP 年均增长 5% 以上，拥有发展红利；

保持政治中立，既和西方合作，也和东方合作。

某位在墨西哥常驻了八年的朋友对该国的总结是：

北美市场后花园，拥有北美自由贸易协定优势；

属于拉美地区前二的经济体，拥有强大的消费力；

拥有 1.3 亿人口，在人力成本方面有竞争力。

某位在沙特常驻了 12 年的朋友对该国的总结是：

在 2016 年发布 "2030 愿景" 计划后，从基础设施到超级项目，将出现海量的商业机会；

地处国际航运要冲，位于东西方往来的必经之地；

石油和天然气资源丰富，国民富裕程度较高。

我在非洲的安哥拉常驻过 3 年，对该国的总结如下：

石油储量极其丰富，是该国的经济支柱产业；

内战之后百废待兴，是近二十年非洲变化最大的国家之一；

离开首都不好做生意，交通是硬伤。

这种关于某国的精简观点，可能就包含了我们为什么要去这个国家发展的原因。这就是简单的国别洞察，可以帮助企业初步了解该国的市场状况及潜在的风险和机会。

为了帮助中国企业更好地了解各个海外国家的差异，我们详细洞察了中国企业出海最常选择的十个国家，比如印度尼西亚、沙特、泰国、俄罗斯、德国、尼日利亚、美国、墨西哥、越南和巴西，并做了深入的国别洞察分析，帮助企业从国别角度识别机会与风险。

在进行国别洞察的时候，我们都试图去回答三个问题：第一，该国的资源禀赋如何，即地理环境、自然资源、人力资源、经济资源如何，资源禀赋决定了投资可能带来多少收益；第二，投资该国可能产生的成本，这些成本来自不同的风险，包括政治、宏观经济、营商环境以及自然、社会与文化，前两个问题是收益与成本之间的衡量；第三，应该如何去具体实施投资，这个问题是关于程序性的细节。

通过对上述十个国家进行详细的洞察，我们总结出国别洞察的五个方向为政治环境、宏观环境、属地资源、营商环境以及文化与社会环境。下面以印度尼西亚为例详细展开说明。

一、政治环境洞察

政治环境洞察的目的是帮助企业了解目标国家的政治稳定性和政府政策对商业的影响，从而评估进入该市场的风险与机会。 通过分析目标国家的政府结构、政党动态、外交关系、政策变动及法规执行力度，企业可以预测可能发生的政治风险，如政权更替、政策调整或国际制裁等。此外，政治环境还会影响税收、补贴、贸易政策等关键商业要素，对企业的运营成本和竞争力产生直接影响。通过了解政治环境，企业能够更好地制定应对策略，确保在不确定的政治条件下保持运营的灵活性与安全性，减少不可控因素对自身业务的冲击。

我们主要是从政治架构与历史、政治稳定性、政府治理能力、法治水平、重要的对外关系这五个方面对目标国家进行政治环境的综合评估。 其中，政府治理能力对于构建良好的投资环境极为关键，比如可以保障社会的平稳运行和提供必要的公共服务等。

下面，我们来看一下印度尼西亚的政府治理能力。

根据世界银行的数据，印度尼西亚政府的治理能力在 2004 年以后有了较为稳定的提升，在 2020 年后好于 60% 的国家，在世界上处于中等偏上水平。但是综合数据比较抽象，所以我们还可以根据一些更为具体的指标来进行评估。

税收反映了政府从社会上获取资源的能力，也很大程度上能代表其执政能力。2023 年，印度尼西亚的税收占 GDP 的比重大约为 12%，比重较低，这也制约了政府提供公共服务的能力。因此，印度尼西亚政府计划改革税收系统，希望将国家财政收入占 GDP 的比重提升至 23%。

印度尼西亚政府近三分之一的支出用于维持政府机构的运作和发放人员福利，这个比重相对较高；而社会援助支出占 GDP 的比重要远低于同区域其他国家的平均水平以及经济发展水平相当的国家，这也意味着政府在提供公共服务方面的支出相对不足。

二、宏观环境洞察

宏观环境洞察的目的是通过评估一个国家或地区的整体经济、政治、社会、技术等外部因素，帮助企业更好地理解影响其业务发展的外部环境。具体来说，企业通过分析目标国家的政治稳定性、经济增长率、货币政策、通胀率、失业率等，评估该市场的长期发展潜力和风险。宏观环境洞察可以帮助企业识别外部机会与威胁，以及时调整战略方向，确保在目标市场中保持竞争优势。

我们主要是从经济发展趋势与前景、主要经济运行指标、财政金融、市场规模、外国投资与贸易这五个方面对目标国家进行宏观环境的综合评估。

下面，我们来看一下印度尼西亚的经济发展趋势与前景。

1. 经济复苏，增速可观

印度尼西亚作为东南亚最大的经济体及东盟和 G20 成员，近年来展现出了积极的经济发展趋势和前景。2023 年，其 GDP 增长率维持在 5% 以上，人均 GDP 近十年的年均增速为 3.27%，近三年的增速为 3.97%，且 2022 年、2023 年的增速居近十年之首。近三年，印度尼西亚的投资也开始逐渐呈现复苏态势，近三年的增速超过 4%。尽管全球经济持续动荡，但印度尼西亚经济复苏表现出了强劲的韧性，且经济增速可观。

2. 三大产业结构相对稳定

印度尼西亚三大产业结构近十年来保持相对稳定的状态。其中，第二产业（包括制造业、采矿业、建筑业等）和服务业是印度尼西亚经济发展的主要动力。2021—2023 年，第二、第三产业年均增速回升至 4.17% 和 5.38%，成为其经济复苏的主要驱动力。

3. 前景多方看好

2023 年，世界银行在有关印度尼西亚经济的报告中预测，未来三年，印度尼西亚经济将保持稳定增长。2024 年，印度尼西亚经济预计增长 5%；2025 年和 2026 年，印度尼西亚经济预计分别增长 5.1%。此前，世界银行预计印度尼西亚经济 2024 年和 2025 年将增长 4.9%，2026 年将增长 5%。印度尼西亚政府的目标是 2024 年经济增长 5.2%，2025 年增长 5.1%～5.5%，家庭消费和投资增长将成为主要推动力。

在过去十年，除了受新冠疫情的影响，印度尼西亚的经济发展总体稳健，并体现出了足够的韧性，在疫情之后恢复得也比较快速。无论从经济增速、就业率、通胀率，还是外汇、国家债务等指标来看，印度尼西亚的经济发展都有较好的基础和较大的潜力。持续的经济增长的预期和较低的失业率会增加消费，经常性的贸易顺差也能维持货币的稳定，较低的政府债务水平也意味着政府有较大的财政空间来应对各种经济和社会问题。

三、属地资源洞察

属地资源洞察的目的是帮助企业了解目标国家或地区的自然资源、劳动力和基础设施等关键资源，评估资源的可获得性和利用效率。这种分析可以帮助企业判断当地是否具备支持其业务运营的条件，如是否有充足且合适的劳动力、能源、原材料以及物流运输网络。同时，企业还可以评估资源的成本、质量和长期可持续性，以便制定有效的供应链管理和生产策略。通过深入洞察属地资源，企业能够优化资源配置，降低运营成本，避免潜在的供应链中断风险，并提高业务的整体竞争力和适应性。

我们主要从**自然资源**（能源、电力、水资源、矿产、农业资源等）、劳动力资源、**基础设施**（交通运输、通信网络、电力供应等）、**供应链和产业配套、环境和可持续性**这五个方面来对目标国家进行属地资源的综合评估。

下面，我们来了解一下印度尼西亚的自然资源中的矿产情况。

印度尼西亚矿产储备丰富，煤炭、镍、铜、锡、金、铝土矿等矿产的储量均位于全球前列。印度尼西亚的矿产资源以高品位和集中分布为特点，在资源开采上具有成本优势，这也为该国发展成为资源驱动型经济体奠定了坚实的基础。

印度尼西亚的煤矿分布高度集中，主要含煤盆地分布在苏门答腊岛的中部和南部，以及加里曼丹岛的东部和南部，约 95% 的煤矿产量来自这两个岛。根据《BP 世界能源统计年鉴》公布的数据可知，截至 2020 年年底，印度尼西亚的煤炭探明储量为 348.7 亿吨，占全世界煤炭探明储量的 3.2%。印度尼西亚主要生产褐煤和烟煤，煤层埋藏浅，变质程度较低，便于开采，而且品质较高，市场需求旺盛。印度尼西亚的煤炭还具有低灰低硫的特征，与传统煤相比，能有效提高燃烧效率和能源利用率，更加清洁安全，在全球市场上具有较强的竞争力。因此，煤矿成为印度尼西亚重要的支柱产业。印度尼西亚煤炭的最大出口国是中国，在 2023 年约 44% 的煤炭出口中国。

四、营商环境洞察

营商环境洞察的目的是帮助企业评估在目标市场投资与运营的可行性，识别风险与机遇。 通过分析目标国家的法律法规、税收政策、政府支持力度、竞争环境和文化因素，企业能够了解当地的政策框架，确保合规运营，减少法律纠纷。其整体目标是为企业提供清晰的市场进入和拓展指引。

我们主要是从投资便利性、税收政策、产业政策、劳动力市场、基础要素的供给与价格、国际经贸便利度、知识产权保护、环境保护和经济特区共九个方面对目标国家进行营商环境的综合评估。

下面，我们来看一下印度尼西亚的投资便利性。

按照世界银行的测评指标，主要是从开办企业、办理施工许可证、获得电力、登记财产、获得信贷、纳税、跨境贸易、执行合同等方面来评估投资是否便利的。

在世界银行的投资便利性排名中，印度尼西亚在 190 个经济体中排名第

73 位，比同在东盟的菲律宾、柬埔寨、老挝和缅甸高，但是不如其他东亚和东南亚国家。具体来说，其在开办企业、办理施工许可证、登记财产、跨境贸易、执行合同等方面表现相对较差，而在获得电力、保护少数投资者、办理破产等方面表现相对较好。

五、文化与社会环境洞察

文化与社会环境洞察的目的是帮助企业深入了解目标国家的文化背景、社会结构及消费者行为，从而更好地适应当地市场，制定有效的运营和营销策略。通过分析当地的社会价值观、消费习惯、宗教信仰等因素，企业可以避免文化冲突，提高产品和服务的市场接受度。总体而言，文化与社会环境洞察能帮助企业在陌生市场中更好地融入当地文化，减少误解与摩擦，提升品牌认同感与市场竞争力。

我们主要是从当地文化习俗、商业惯例和禁忌这三个方面对目标国家进行文化与社会环境的综合评估。

下面，我们来看印度尼西亚的文化习俗。

印度尼西亚是一个宗教多元化的国家，主要宗教包括伊斯兰教、基督教、天主教、印度教和佛教等，宗教在当地人的日常生活中占据着非常重要的地位。

在印度尼西亚文化中，尊重长辈是一种重要的价值观，年长者被视为家庭和社区的领导者，年轻人应该向他们学习和尊重他们的意见，因此需要对长辈表示足够的尊敬。

印度尼西亚也是一个偏向集体主义的社会，当地人的族群和家庭观念较重。

小结

洞察的目的就是找机会

出海洞察的核心在于精准发现机会，以免企业在不熟悉的海外市场中迷失方向。企业在开拓海外市场时应目光长远，不要被短期的挑战和未知的风险所影响，应做好长远的战略规划。通过深入的市场洞察，企业可以找到最合适的切入点，从而化解潜在的障碍，发掘更多的发展空间。

出海洞察涉及复杂的市场、法律、文化等多重因素，若单靠自身力量，企业可能会面临信息不足、判断失误和时间成本高昂等困境。不同国家的市场差异巨大，缺乏相关经验容易导致进入壁垒过高。适当地借助外部力量，可以减少试错成本，加速海外拓展进程。比如专业的市场洞察机构不仅拥有丰富的海外市场拓展经验，还能快速提供本地化的实战策略，可以帮助企业找到合适的切入点，从而更好地化解潜在风险。

第四章

出海模式：

打造出海最优路径，实现低风险、低成本出海

根据我们的统计，出海成功的企业不到 20%，成功率是非常低的。即使取得成功的企业，有些也还在不断交学费，甚至包括华为、海尔、海信等老牌出海企业。

因此，出海发展先不要想怎么赚钱，而是先想怎么不亏钱、少亏钱。不要被其他出海公司的光辉业绩所迷惑，我们可能只看到了他们今天的"好日子"，却没有看到他们昨天的"苦日子"。

出海是一项巨大的战略工程，需要企业做好 5 ～ 10 年的长期战略规划。既然是长周期的事业，那么就不能急于求成，需要先想清楚再行动。比如，以哪种业务模式出海，当下最适合自己的是哪种路径，如何把控出海节奏，如何做到低风险、低成本出海等。只有回答好这四个关键问题，才能做好出海模式设计。

实现低风险、低成本出海对企业而言至关重要。尤其在当前全球市场竞争激烈、地缘政治风险不确定性增加的大背景下，低风险策略能帮助企业在复杂的环境中免受或少受政策和市场变化带来的冲击，从而实现稳健运营；低成本

策略可以帮助企业减少资金压力，从而实现业务的稳步拓展，最终打造企业出海发展的最优路径。

第一节　为什么需要不同的出海模式

我 2004 年到非洲的时候，在当地做生意的华人跟我讲，现在的非洲就像 20 世纪 80 年代的中国，到处都充满机会。现在 20 年过去了，非洲变化并不大，可能还是不如 20 世纪 90 年代的中国。那非洲是不是处处充满商机，我们到非洲去就能随便"捡钱"呢？

100 年前，非洲人不喜欢穿鞋；20 年前，大部分非洲人还是习惯不穿鞋，即使穿鞋也热衷于穿"人字拖"；现在的情况相比之前有较大改善，但还是有很多人不穿鞋。那在非洲卖鞋有没有机会呢？

非洲的电力普及率仅为 52%，超过一半的非洲国家的电力普及率不及 50%，有 6 亿非洲人口用不上电，占世界无电人口的一半以上。例如，中非共和国电力资源严重短缺，全国供电覆盖率仅为 8%，往往是天一黑很多城市便陷入黑暗。而非洲大陆大部分地区的年均日照时数超过 2000 小时，日均 5.5 小时以上，部分地区甚至达到八九个小时，如南非、肯尼亚、纳米比亚等，这些地区的日照量足够支撑大规模的光伏项目。那非洲的新能源市场是否存在机会呢？

有人做过统计，现在大约有 300 万中国人常驻非洲，这是一个庞大的群体。对于他们而言，机会与风险是并存的。这就是为什么同样的非洲市场，有人觉得卖鞋是机会，有人觉得光伏发电大有可为，有人赚钱，有人亏本。大多数时候，人们只会看到机会并使劲往前冲，而不会意识到风险并及时踩刹车，这样无疑加大了出海的风险和成本。

通过分析上百家企业的出海案例，我们得出一个基本结论：**出海之路注定是崎岖坎坷的，不会一帆风顺。既然"踩坑"是大概率事件，那么"避坑"就是做出海外决策时的首要考量因素。不交学费是不太可能的，因此少踩坑、少交学费就是我们努力的方向。**

根据以往的出海经验，我们总结了海外"八大坑"，分别是国别坑、市场坑、客户坑、产品坑、人才坑、合规坑、工厂坑和劳工坑。企业在不同的出海阶段会遭遇不同的坑，这里面大部分坑都是"要命"的，不只是多花钱那么简单。接下来，我们简要介绍每个坑的典型问题，希望能引起企业的重视。

1. 国别坑

（1）出海第一站搞错了，比如印度尼西亚市场更好做，结果先选择了德国。

（2）海外拓展的顺序搞错了，比如先大国再小国、先欧美再亚非拉。

（3）没有做国别洞察，对一个国家的情况都不了解就直接行动了。

2. 市场坑

（1）没有做市场洞察（行业洞察）就盲目进入一个市场，导致失败。

（2）销售模式没有设计好，比如到底是直销还是渠道销售。

（3）完全照搬国内经营模式或经验，结果"水土不服"，迟迟不能打开市场。

3. 客户坑

（1）客户是谁、用户是谁、他们和渠道是什么关系等，这些问题一直没有弄清楚。

（2）不会辨别真正的客户，甚至碰到"皮包公司"。

（3）摸不准客户的需求，不断在调整产品和服务，导致投入巨大。

4. 产品坑

（1）没弄清楚什么样的产品适合去海外"打头仗"。

（2）没明确在海外到底是主要卖产品，还是主要卖综合解决方案。

（3）产品的质量、功能、工艺不能满足客户需求，需要不断地"补课"。

5. 人才坑

（1）海外市场拓展没有找对人，导致不断交学费。

（2）不会正确地招聘本地员工，不懂如何正确处理本地员工和中方员工的文化冲突。

（3）没有处理好海外人员的批量流失问题，导致员工不断被其他公司挖走。

6. 合规坑

（1）贸易合规的问题，如违反禁运、超过配额、海关申报不实等。

（2）财税合规的问题，如税务申报错误、双重征税等。

（3）法律合规的问题，如涉及知识产权、劳动保护、数据隐私等方面的问题。

7. 工厂坑

（1）工厂选址不恰当的问题，如国别错误或地域错误。

（2）产业链上下游的缺失问题，如当地产业链不齐全，导致生产困难。

（3）制造条件约束的问题，如电力、交通、港口、关税、人力获取、综合成本等。

8. 劳工坑

（1）全球各地的劳动法规各不相同，导致各种违反劳动法的案例不断出现。

（2）欧洲市场的数据安全和个人隐私相关的问题。

（3）合法用工问题，包括工作签证等。

出海的路上可谓一坑接一坑、坑坑不一样。如何避免踩坑？短期方案只能是"填坑"，发现一个问题解决一个问题，但这样就一直处于"救火"状态，而问题却没有从根源上解决，整个团队都会很忙、很累。

从生意的底层逻辑来看，企业出海必须先解决两个最基本的商业问题：一是明确赚谁的钱，二是思考如何赚钱。而避坑的长期解决方案，其实就隐藏在这两个问题的答案中。

那么如何解答这两个问题呢？我们可以从客户、产品和渠道三个维度来进行剖析和解答。这一系统性的分析与思考过程，其实就是出海商业模式的设计过程（见图 4-1）。

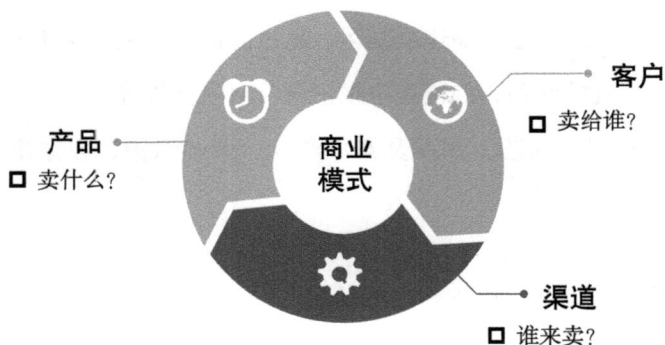

图 4-1　出海商业模式的设计过程

第一个维度是客户，需要解答"卖给谁"的问题。**商业模式的核心是客户，这包括目标市场的划分、客户群体的特征分析等**。了解客户的痛点尤为重要，只有当企业深入理解客户的需求、面临的挑战和市场环境时，才能制定出具有市场吸引力的产品和服务策略。

第二个维度是产品，需要解答"卖什么"的问题。在明确了客户是谁后，下一步就是产品的设计和定位。**产品不仅是企业的核心输出，也是客户需求的直接解决方案。因此，解答"卖什么"是商业模式设计的关键**。产品需要能满足客户需求，并能为客户创造独特的价值。同时，产品的市场适应性、性价比、创新性等因素，决定了它能否真正帮助客户解决问题。

第三个维度是渠道，需要解答"谁来卖"的问题。渠道涉及"如何将产品交付给客户"，是客户和产品之间的桥梁。企业需要决定是通过自有销售团队进行直销，还是通过渠道合作伙伴（如分销商、代理商等）将产品推向市场。不同的渠道模式适合不同的市场和产品类型，企业要根据客户偏好和产品属性做出合适的渠道设计。

一个好的商业模式是赚别人看不到的、赚不了的或看不上的钱。出海过程中能否避坑？是否可以实现低风险、低成本出海？出海有没有捷径可走？企业能回答以上问题，就能打造一个好的商业模式，让出海之路没有那么艰难。

根据对出海企业的研究，我们总结出了五种出海模式：自主出海、跟随客户出海、合作出海、产业链整合出海和投资并购出海，具体如图4-2所示。

不同的出海模式，对应着不同的组织形态、不同的投入规模、不同的试错成本，企业一定要结合自身具体情况来选择适配的模式。请记住一点，没有最好的模式，只有当下最适合自己的模式。

自主出海	跟随客户出海	合作出海	产业链整合出海	投资并购出海
产销研一体化出海	跟着大客户一起出海，最大化利用大客户资源	跟当地同行业伙伴合作，相互补位，相互协同	抱团出海，拉通产业链，组团对接当地资源	收购相关企业，利用本地力量，嫁接全球资源

图 4-2　企业出海常见的业务模式

第二节　常见的五种出海模式介绍

一、自主出海

自主出海是指企业通过建立、强化和推广自身品牌，在海外市场直接开展业务，而不依赖于代工或贴牌生产的出海模式。 在这种模式下，通常由企业自主掌控产品的研发、设计、生产、营销和销售环节，目标是提升品牌在国际市场的认知度和竞争力。通过自主出海，企业能够增强对市场的控制力，打造全球化品牌形象，实现长期的市场扩展和价值提升。华为、中兴、海尔、美的、格力等企业都是这类出海模式。

1. 自主出海的困难与风险分析

自主出海模式不同于其他模式，研发、生产和销售三大项工作都需要自己完成，没有外力可借，需要自力更生。自主出海前期的困难远远超过预期，我们访谈了上百位早期出海的"拓荒者"，他们都对此感触万千。任正非 2019 年在接受 BBC 采访的时候，还特别回忆了华为早期拓展时遭遇的困难。

"**当时我们在中国市场没有机会，就把大量精力投到海外。到海外市场后的很多年，我们都见不到客户，更不要说谈合同了，根本挣不到钱。**……这个时期很难。但是如果不打开海外市场，我们在中国又没有市场机会，就会面临更加困难的情况。

"**当时我个人长年累月在非洲、拉丁美洲出差，与家庭往来和联系非常少。**对这段历史我很懊悔，因为小孩正在成长时期，希望爸爸带着玩游戏，我却没有做。我好不容易从海外回来，累得喘不过气来，就想躺在床上睡觉。所以，我与小孩没有好好交流，但这是为了生存，为了活下来。"

见不到客户和背井离乡的酸楚，不仅是任正非的感受，更是每一个华为拓荒者的真实经历，包括我自己。很多早期的客户对中国并不了解，为了解决这一问题，我们第一次跟客户见面时，都不是发放华为的产品手册，而是向客户赠送"中国画报"，里面有长城、故宫、东方明珠等照片，先宣传中国，再宣传企业。给海外客户设计的回国后的参访路线，都是香港—深圳—上海—北京或其反向行程，这也是为了让客户了解中国，认识到中国自改革开放以来发生了翻天覆地的变化。我们不断强调中国高端制造的先进和强大，到最后才是介绍华为。面对出海早期的困难，只能迎难而上，别无其他选择。令人欣慰的是，经过华为、中兴、海信、海尔、TCL 等企业先期的拓展铺路，如今企业出海的难度要小多了。同时，现在我们国家强大了，不需要再向客户介绍中国了，大家对中国文化和中国制造都很有认同感。

企业因所处行业、发展阶段、资金实力、产品竞争力等各不相同，在出海早期遇到的困难也会有所不同。根据我们的分析，企业出海早期主要会遇到如下困难和风险。

（1）**文化和消费习惯方面的差异导致企业迟迟不能打开市场**：不同国家和

地区的文化、消费习惯、法律法规和商业环境各不相同。出海企业往往面临着文化适应困难，如对目标市场消费者需求的误判、对当地文化的不理解等，导致产品和服务无法有效融入当地市场。此外，当地的法律法规、劳工政策等也可能给企业带来合规风险。例如，国内某电商集团对东南亚的电商和物流市场判断失误，导致投入巨资而收效甚微。

（2）**来自本土和国际对手的竞争导致市场拓展进度未达预期**：海外市场竞争激烈，当地企业可能具有更强的本土优势，包括品牌知名度、消费者基础和渠道网络等。此外，出海企业还可能面临来自其他国际企业的竞争。例如，华为在海外面临与爱立信、西门子、阿尔卡特等通信巨头之间的竞争，以至于出海前五年都没有完全打开局面。

（3）**政策与监管环境的不确定性导致企业不断在摸索和踩坑**：各国的政治环境、贸易政策和监管体系存在较大差异。一些国家可能对外资企业设有限制，或存在不透明的监管制度，这些因素都增加了企业合规运营的难度。

2. 什么样的企业适合自主出海

其实，中国大部分企业都是适合自主出海的，只是需要评估自主出海的优势是否明显，是不是出海的最佳方式。结合我们服务过的企业来看，如果企业有如下特征，那自主出海就会更具优势。

（1）**产品或技术具有国际竞争力**：具有独特技术、创新能力或高附加值产品的企业更适合自主出海。例如，拥有领先技术的高科技企业、制造业中的龙头企业，或是能够满足特定国际市场需求的创新型公司。类似深圳大疆、杭州海康、杭州大华、苏州旭创等企业，技术优势明显，产品竞争力强。

（2）**拥有强大的品牌影响力和市场认可度**：企业在国内或国际市场已经建立了较强的品牌认知度和美誉度，能够迅速在新市场获得消费者信任。比如海尔、格力、海信、美的等企业凭借其在国内的成功和国际品牌知名度，能够更快地在全球市场站稳脚跟。

（3）**具有扎实的本地化销售和运营能力**：企业具备迅速进行本地化经营的能力，包括产品调整、品牌推广、文化适应等，能够根据不同市场的特点进行灵活的战略调整。那些能够快速理解并适应目标市场消费者需求、法律法规以及文化差异的企业，更容易在竞争中取得成功。例如，在印度尼西亚起家的极兔快递，以及在非洲发展起来的传音手机。

华为常务董事、华为云 CEO 张平安表示："从中国制造到中国智造，中国品牌的硬实力和软实力都取得了长足的进步，开始走到国际市场的舞台中央。同时，企业出海也面临着营商环境的复杂性、国际贸易环境的不确定性、法律法规的差异、文化差异等诸多挑战。**华为的国际化之路证明了产品技术持续创新、坚持长期主义、深耕本地化是成功的关键。**"这段话也印证了产品竞争力、品牌影响力和本地化能力是企业自主出海的关键要素。

3. 自主出海的市场策略和关键点

自主出海的市场策略选择尤为关键，找对策略就意味着少走弯路。对此，我们的建议是"抄作业"。谁在某方面有能力，就学它的能力；谁在某方面做得好，就学它的做法。

在出海路径和出海节奏的探索上，"抄作业"不丢人。

2000 年的时候，任正非在欢送海外将士出征大会上讲道："我们的游击作风还未褪尽，而国际化的管理风格尚未建立，员工的职业化水平还很低，我们还完全不具备在国际市场上驰骋的能力，我们的帆船一驶出大洋，就发现了问题。我们远不如朗讯、摩托罗拉、阿尔卡特、诺基亚、思科、爱立信……那样有国际工作经验。**我们在国外更应向竞争对手学习，把他们当作我们的老师。**

他们的营销方法、职业修养、商业道德，都给了我们启发。我们是在竞争中学会了竞争的规则，在竞争中学会了如何赢得竞争。我们总不能等待没有问题才去进攻，而是要在海外市场的搏击中熟悉市场、赢得市场、培养和造就干部队伍。我们现在还十分危险，完全不具备这种能力。若三至五年之内建立不起国际化的队伍，那么中国市场一旦饱和，我们将坐以待毙。"

华为二十多年前就有这个意识——全面对标欧美通信头部企业，学习他们优秀的流程、方法和工具。华为担心自己没有学到精髓，甚至请来了 IBM、麦肯锡、埃森哲等咨询公司来教自己如何在海外做生意，以帮助自己全面提升全球化市场能力和管理能力。过去 30 年，华为支付给全球各个咨询机构的咨询费用近 500 亿元。学习对手的目的是超越对手，这也帮助华为最终在全球市场取得巨大成功。

因此，向优秀的企业学习、向出海成功的企业学习、向同行学习，就是最好的自主出海策略。

4. 自主出海成功案例分享

自主出海成功的企业很多，特别是在国内做得很成功的大企业，利用自身优势到海外发展，基本都能快速起步，做大业务。例如，TCL 和海尔作为中国知名家电品牌，都在国际化过程中取得了显著成就。它们在国际化路径上有一些相似，也有一些差异，具体体现在市场选择、全球化战略、并购方式和品牌定位等方面。下面我们通过对比方式来看看海尔和 TCL 两家企业的自主出海方式。

（1）市场选择与进入策略的不同之处。

海尔：更加注重发达市场，尤其是美国和欧洲。在国际化早期，海尔主要通过进入高端市场来提升品牌形象，并在美国建立了生产基地。海尔还通过在欧洲等发达市场的业务扩展，逐渐提升了其国际竞争力。

　　TCL：初期特别注重进入发展中国家和新兴市场，将其作为主要目标市场。后期其国际化路径更加全球化，重点开拓北美、欧洲、中东、非洲和东南亚市场。例如，TCL 在北美电视机市场的份额一度超过三星，成为市场领导者之一。

　　（2）全球化战略的不同之处。

　　海尔：强调"**本土化制造，本土化营销，本土化服务**"的"**三位一体**"本地化战略。通过在国际市场建立研发、制造和销售体系，力求每一个环节都贴近当地市场需求，满足本地消费者的偏好。同时，海尔也注重通过自主品牌进入国际市场，以创新和差异化产品赢得消费者喜爱。

　　TCL：采取了"**全球化运营，本地化管理**"的战略，在全球范围内进行研发、生产和销售的布局。TCL 依赖大规模的 OEM（原始设备制造商）模式，为其他品牌代工，同时大力发展自主品牌，逐步实现从代工到自主品牌的转型。尤其在电视和移动设备领域，该企业通过规模化生产和价格优势快速打开了国际市场。

　　（3）并购方式与品牌整合的不同之处。

　　海尔：在国际化过程中更加注重通过并购提升品牌影响力。例如，2016年海尔收购了美国通用电气（GE）的家电业务，这一并购帮助海尔迅速进入高端市场，并通过 GE 的品牌、技术和渠道扩展了美国家电市场。海尔的并购整合能力较强，强调通过收购后对品牌和技术进行深度整合，以逐渐提升全球竞争力。

　　TCL：在国际化过程中，TCL 也曾通过并购方式进行业务扩展。例如，该企业在 2004 年收购了法国汤姆逊（Thomson）的电视业务和阿尔卡特（Alcatel）的手机业务，意图迅速获得海外市场份额和品牌资源。但这些并购带来的整合难题使得 TCL 一度在国际化过程中遇到挑战，后续才逐渐转向自主研发和生产。

（4）品牌定位与产品策略的不同之处。

海尔： 从国际化初期就主打高端市场，注重产品的技术创新和质量。例如，海尔通过高效节能、智能化家电等创新产品打入欧美市场，并在高端冰箱、洗衣机等家电领域建立了强有力的品牌认知度。海尔更加注重用户定制化，不断推出适应当地市场需求的创新产品。

TCL：在国际化早期注重性价比和规模优势，以中低端产品进入市场，特别是在电视和智能手机领域，依靠规模化生产和价格优势赢得市场份额。随着市场占有率的提升，TCL 逐渐向中高端市场转型，但仍保持了性价比方面的优势。

通过以上对比发现，TCL 注重通过规模化生产和价格优势打入全球市场，倾向于先在新兴市场和中低端产品上取得突破，后续再通过技术升级走向高端市场；海尔则强调本土化战略，注重高端市场和品牌价值提升，通过并购整合和技术创新，打造全球领先的智能家居生态。这两家企业虽然出海策略不一样，但最终都实现了自身的全球化发展战略。

二、跟随客户出海

我每次讲出海公开课，一定会有学员提出这个问题："国内的大客户要求我跟他一起去海外建厂，我要不要去？"带着这个问题，我们来看看这种出海模式。

跟随客户出海指的是企业借助其现有客户在海外市场的业务拓展需求，跟随这些客户进入海外市场开展业务的一种出海模式。

在这种模式下，企业与客户在海外市场形成合作关系，利用客户在当地的资源、渠道、品牌影响力等优势，可以降低自身进入海外市场的风险和成本。例如，一些处于产业链上游的企业，为其在国内长期合作的制造业客户提供技术服务，随着这些制造业客户的出海进程加快，它们也依据出海场景完善自身服务，跟随客户一起进入海外市场。

采用这种模式时，双方如何高效地分工合作呢？2022年，我们服务的苏州正耀电子有限公司选择了这种出海模式，结合其客户的需求，我们做了详细的海外业务梳理和海外流程制度建设，其中双方的业务协同与分工大致如表4-1所示。

表 4-1　跟随客户出海模式的协同与分工

双方协同事项	客户方	企业方
1. 注册公司	协助	主导
2. 提供厂房	主导	协助
3. 提供制造设备	协助	主导
4. 发货运输	—	不需要
5. 仓储	主导	协助
6. 存货	—	很少存货
7. 找客户资源	—	不需要
8. 品牌影响力	影响力大	借助客户影响力
9. 招聘本地员工	协助	主导
10. 本地合规运营	主导	配合客户并免费学习
11. 海外管理体系建设	主导	配合客户并免费学习

通过表4-1可以发现，跟随客户出海这种模式的优势非常明显。

（1）**快速获取市场资源**：企业能够借助大客户在海外市场中的资源和影响力，快速进入当地市场。这些资源主要包括大客户的供应链网络、市场渠道、客户群体和品牌信誉等，这为中小企业的市场开拓提供了便利，降低了进入壁垒。

（2）**降低市场风险和成本**：企业能够在相对熟悉的商业关系中运作，降低了探索陌生市场的风险；同时，大客户往往能够为企业提供稳定的订单，帮助企业实现较低的市场进入成本和较高的初期营收，从而降低了企业出海初期的财务压力。

（3）**快速地适应市场**：大客户通常已经做了深入的市场调研和本地化工作，跟随它们进入新市场的企业可以共享这部分信息，从而更好地理解目标市场的需求和偏好。这有助于企业调整产品和服务，以快速适应当地的文化、法规和市场环境。

既然这种模式的优势这么明显，那怎么找到这些大客户呢？其实不难。对不同的行业进行洞察分析，就能发现各个行业的头部企业大部分都已经出海，同时它们也在做海外本地的产业链整合，这个时候就是最佳的切入时机。

这种出海模式也是我们服务过的企业选择最多的一种模式，我们每年要辅导超过十家企业跟随大客户出海，并且大部分企业现在业务都做得非常不错。下面跟大家分享我们服务过的企业的一个案例。

广东某电子设备制造企业是手机及数码产品零部件专业制造商，该公司于2004年成立，拥有200多名员工，公司年销售收入1亿元。为了到海外发展，该公司老板在东南亚转了三年，但一直没有下定决心出海。2024年3月，他们一个已经在越南深耕十年的大客户要切换供应商，并要求新供应商在四周内具备在越南开工的条件，这是一个很好的机会，也是一个非常具有挑战性的任务。

由于该公司老板有之前在东南亚多次考察的基础，于是就号召全公司快速响应，并第一时间亲自过去蹲点，公司分管生产、研发和销售的三个副总也携带近十名专家快速到现场部署工作。在这样的节奏下，他们仅用 20 天就完成了制造设备的搭建，初步具备生产能力。他们的设备被安置在客户的二楼厂房，生产、发货、到货都在同一个楼层完成，从发货到收货只用 5 分钟。后来，该公司老板在跟我讲这个事时还感觉像在做梦一样，觉得整个过程太神奇了，三年磨一剑，但 20 天就完成了利剑出鞘。

跟随客户出海是一种相对低风险、可快速进入海外市场的模式，特别适合中小型企业和初期拓展国际市场的公司。然而，企业需要警惕对大客户的过度依赖，避免忽视市场多样化和自主创新能力的发展。在这种模式下，企业可以在获得大客户支持的同时，通过逐步培养独立经营能力、提升品牌影响力和开展多元化经营，来平衡长期风险与收益。

三、合作出海

合作出海模式是指中国企业与海外本土的同行企业建立合作伙伴关系，双方基于各自的核心优势和资源形成互补，共同开发当地市场，甚至进一步拓展至其他国际市场。例如，海外本土企业提供厂房、现有客户或销售渠道及当地工人，而中国企业则提供其优势产品、生产设备、先进的生产工艺、质量控制及数字化管理能力等。双方的协同与分工如表 4-2 所示。

表 4-2　合作出海模式的协同与分工

双方协同事项	海外同行	中国企业方
1. 注册合资公司	主导	协助
2. 提供厂房	主导	协助改造
3. 提供制造设备	协助	主导
4. 发货 / 运输 / 仓储	主导	在方法与工具上提供协助
5. 产品开发与技术研究	协助需求调研	主导

（续表）

双方协同事项	海外同行	中国企业方
6. 找客户资源	主导	在方法与工具上提供协助
7. 品牌宣传	主导	在方法与工具上提供协助
8. 营销策划与实施	主导实施，协助策划	主导策划，协助实施
9. 招聘与管理本地员工	主导	在方法与工具上提供协助
10. 本地合规运营	主导	协助
11. 数字化管理	协助落地实施	主导管理体系建设

通过这种合作方式，中国企业能够借助当地企业的市场基础和运营资源，快速融入目标市场，减少初期的市场进入风险，同时实现双方利益的最大化。这一模式本质上是资源共享、互利共赢的跨国协作，旨在提升整体市场竞争力和企业国际化拓展的成功率。

1. 合作出海的优势

与海外同行合作出海这种模式的优势主要有以下几点。

（1）**降低市场进入壁垒**：通过与当地企业合作，中国企业能够快速获得市场准入，绕过许多海外市场的政策、法规或文化障碍。所以，这种模式尤其适用于那些较为复杂或封闭、准入时间长的市场。**中国企业出海，输得起成本，但输不起时间。**

例如，中国企业在海外发展医疗器械业务，获得医疗销售许可和认证的时间取决于目标市场、产品的类别和复杂性。通常，低风险医疗器械的审批时间较短（3～6个月），而高风险、复杂产品则需要较长时间（1～2年甚至更久）。尤其是欧盟和美国的认证流程较为复杂，所用时间也较长。

（2）**资源共享与互补**：当地企业提供的厂房、设备、客户资源和劳动力能够大幅降低中国企业的前期投入和运营成本，而中国企业则通过技术、工艺、管理等方面的优势提升产品质量和竞争力，实现双方的资源互补。例如，中国制造业从自行出海建厂到完成产能爬坡的平均周期为两年，各种投入成本在 2000 万元以上。而实施这种模式，中国企业的总体成本可以控制在 300 万～ 500 万元，而用时也可以压缩到 3 ～ 6 个月。下面是中国企业在越南自行建厂的大概周期和流程，具体如图 4-3 所示。

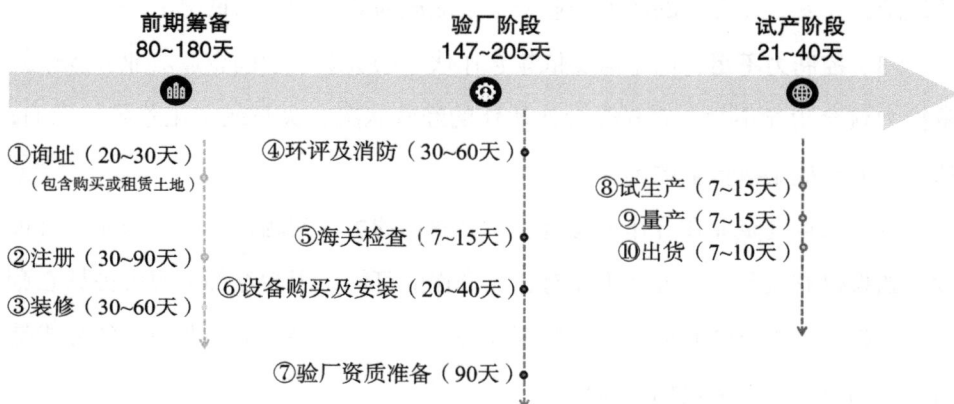

图 4-3　中国企业在越南自行建厂的周期和流程

（3）**快速扩大市场份额**：利用合作伙伴已拥有的客户基础和渠道资源，中国企业可以迅速扩大在当地市场的影响力，加快市场拓展速度。根据我们服务过的客户情况来看，效果非常显著。例如，一家企业从出海建厂到达到 100 万元 / 月的销售规模，正常情况下需要两年以上的时间。而基于这种合作共赢模式，整个周期可以缩短到 3 ～ 6 个月。

2. 合作出海的难点

很多企业第一次听说这种出海方案后会非常激动，也非常迫切地想大展拳脚。其实，这种模式说起来很容易，但实际操作起来还是非常困难的，其关键在于如何找到合适的海外合作伙伴，双方需要实力相当、优势互补，还要彼此看重对方。根据我们的经验，双方合作成功的难点主要有以下几个。

（1）**利益分配难题：**在这种合作模式中，如何公平合理地分配利益是一个潜在的难题。如果双方对利润、权力、责任等分配有不同的期望，容易引发冲突，影响合作的顺利进行。

（2）**技术泄露风险：**中国企业在输出技术和生产工艺时，会面临技术泄露的风险，尤其是在合作的海外企业未来可能成为竞争对手的情况下。

（3）**控制力不足：**由于需要依赖合作伙伴的资源，中国企业对业务运作的掌控力就会稍显不足，容易受合作伙伴的经营状况、决策或文化差异的影响，造成双方在战略执行上的不一致。

以上三点是企业在合作出海过程中会遇到的主要问题，解决起来非常有难度。如果仅靠谈判，双方几乎没有达成合作的可能，因为谁都不想失去核心竞争力，都怕被对方牵制或抛弃。根据我们的经验，解决以上问题最好的方式是由专业的第三方服务机构牵线搭桥。

我们有一个湖南的客户，主营业务为两轮电动车。公司规模不大，也就是一个区域性品牌，与雅迪、爱玛、台铃等相比算是小公司，在国内市场没有太大的竞争力，于是就谋划到海外发展。但公司实力不足，能用于海外拓展的资金有限。在一次去印度尼西亚考察的过程中，我们撮合他们跟当地一家同行交流一下，没想到双方第一次交流就有了强烈的合作意愿。一周后，那家印度尼西亚公司组织管理团队到国内这家公司考察，并进一步洽谈合作事项。最终，双方经过三个来回的谈判就签署了合作协议。2023 年，该合资公司的工厂已经投产，产销量一直在稳定爬坡，合作进展得非常顺利，双方都对这次合作非常满意。

合作出海这种模式通过资源互补和降低市场进入风险，为中国企业提供了快速拓展海外市场的机会。虽然它也带来了利益分配、文化差异和技术泄露等潜在风险，但有效的风险管理措施和明确的合作协议能最大化地降低相关风险。期待更多的中国企业能以这种模式成功出海。

四、产业链整合出海

产业链整合出海是指多家中国企业基于产业链的不同环节（如原材料供应、零部件生产、产品组装、渠道销售、物流服务等）进行资源整合与协同合作，将各自在技术、生产、管理、市场等方面的优势集中起来，在海外市场进行联合布局和运营，以整体或协同的方式进入海外市场。

通过表 4-3 可以发现，中国出海企业"扎堆"现象比较明显，是比较容易在海外当地打造相关产业链的。

表 4-3　国内部分行业在海外的业务覆盖情况

行业	主要覆盖国家
家电及电子制造	越南、印度、马来西亚、墨西哥、埃及、匈牙利、波兰等
汽车制造	越南、泰国、印度、巴西、俄罗斯、印度尼西亚等
能源（包括光伏、风能等）	美国、德国、印度、巴西、越南、泰国等
纺织与服装	孟加拉国、越南、柬埔寨、埃塞俄比亚等
化工与制药	印度、巴西、俄罗斯、马来西亚、美国、德国等
基础设施与建筑	非洲国家（尼日利亚、埃塞俄比亚、肯尼亚等）、东南亚国家（印度尼西亚、马来西亚等）、巴基斯坦等
矿产与资源开采	非洲国家（南非、赞比亚等）、拉丁美洲国家（智利、秘鲁等）、澳大利亚等

这种模式旨在通过供应链合作、资源共享和整体竞争优势，降低市场进入成本与风险，实现海外市场的协同开发和拓展，形成更具竞争力的产业集群，克服单个企业在海外发展过程中面临的资源不足、市场风险大、抗风险能力弱

等问题，从而在海外市场实现高效运营、降低成本、拓展市场份额、提升品牌影响力等目标。

前面我们提到的第二种出海模式（跟随客户出海），是中小企业的最佳出海模式之一。换一个角度，从大客户这个角度来看，其实就是整合产业链出海。产业链出海的牵头人，基本都是各行各业的领军企业或头部企业，它们在资金实力、管理水平、研发水平等方面表现卓越，具备强大的号召力。例如，工业富联、立讯精密、闻泰科技、舜宇光学、蓝思科技、歌尔股份、TCL 科技、瑞声科技、环旭电子、信维通信、欣旺达和长盈精密等这些国内电子制造业的头部企业，都已经在越南、印度、印度尼西亚或马来西亚建厂。

产业链整合出海模式的优势主要有以下几点。

（1）**提升市场竞争力**：通过整合产业链上下游企业，可以形成系统化的竞争优势。各企业在技术、生产、物流和市场渠道上互为补充，整体实力增强，能够更好地应对海外市场的竞争。通过互相协作，依靠供应链上的资源共享、规模效应和物流成本优化可以降低整体运营成本。

（2）**减少市场进入风险**：依靠多家企业的力量共同进军海外市场，各企业可以共同分担市场进入风险，避免单个企业独自承担相关风险及高额的市场进入费用。同时，各企业可以共同开展市场调研、品牌推广、渠道拓展，避免了在遇到困境时陷入孤立无援的局面。

（3）**增强供应链稳定性**：产业链中的上下游企业共同出海，能够更好地协调供应链，降低由于跨国采购或采购中断带来的供应链风险，确保产品的生产和交付的连续性。整合上下游企业，不仅可以在生产和技术上形成互补，还可以通过各自的市场资源、渠道、客户关系等在不同区域或领域相互支持，实现市场协同效应。

由于这种模式的优势比较明显，所以目前国内各行业产业链整合出海已经

成为一种趋势，比如新能源汽车、光伏产业、储能产品、3C 产品、建筑设备
与材料、餐饮行业等都有非常成功的产业链出海案例。但对于那些复杂产业来
说，产业链出海是一项非常浩大的工程，因为它们的产业链太长了，涉及上
百家甚至上千家上下游企业。普通企业很难有足够的号召力，一般需要行业
龙头、行业协会或国内各级政府牵头。例如，新能源汽车行业的产业链就非常
长，具体如图 4-4 所示。

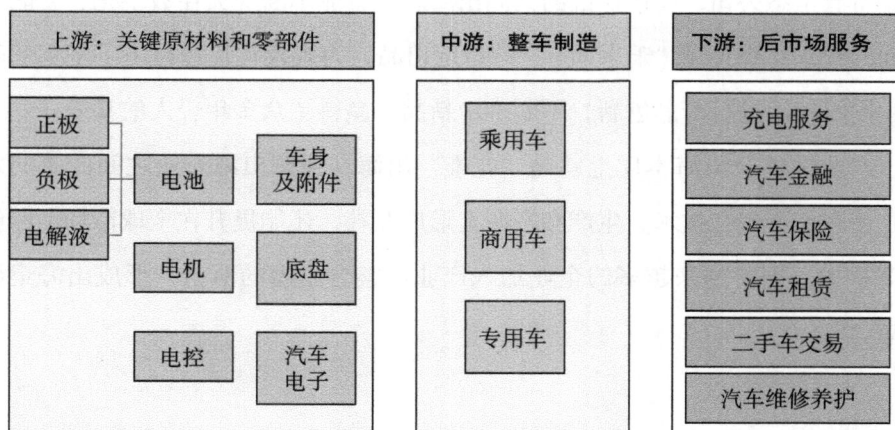

图 4-4　新能源汽车行业的产业链

目前，比亚迪、奇瑞、长城、长安、广汽埃安、上汽、吉利等国内新能源
车企已经在泰国、印度尼西亚、匈牙利或巴西等国家设立了工厂。其中，"扎
堆"现象最明显的地方就是泰国，尤其是近两年，比亚迪、长城、长安、上汽
和广汽等都已经或正规划在泰国建厂。

新能源汽车这样的大产业需要产业链出海，大家都比较好理解。那一些小
产业是否也可以这样操作呢？下面我们来了解一家奶茶店主导产业链出海的
案例。

霸王茶姬（CHAGEE）是一家创立于 2017 年的茶饮品牌，近年来在海外

市场发展迅速，尤其在东南亚地区表现突出。截至 2023 年，霸王茶姬在全球拥有 4500 多家门店，其中有 100 多家位于海外，主要分布在马来西亚、新加坡和泰国等国家。它在马来西亚的发展尤为成功，到 2023 年时在该国已拥有约 50 家门店，并计划进一步拓展市场。

在出海过程中，霸王茶姬非常重视产业链协同出海。该企业管理者认为，成功的出海不是简单地把店开到国外，而是供应链、物流、装修、设计、乳制品等所有生态公司、全产业链的共同出海。该企业不断加大在数字化、智能化方面的投入，保证了"千店如一"的稳定出品，为规模化扩张打下了坚实的基础；同时持续进行产品创新，不断推出新品，赢得了众多年轻人的喜爱。

产业链整合出海本质上就是"扎堆"出海，强调出海企业之间的协同效应，使它们不仅在技术、生产和资源上形成互补，还能提升在全球市场上的整体竞争力。期待越来越多的企业加入产业链整合出海的队伍，形成出海集群效应。

五、投资并购出海

投资并购出海是指中国企业通过对国外企业的股权投资、全资收购或部分并购等方式进入海外市场，从而获取资源、技术、品牌或市场份额的海外扩展模式。 通过控制权的获得或资本注入，中国企业可以快速实现全球化布局、产业升级或业务拓展。

在投资并购出海的过程中，企业会采用多种业务模式，以适应不同的市场环境和战略需求。以下是海外投资并购的主要形式，具体如表 4-4 所示。

表 4-4　海外投资并购的主要形式

投资形式	各种模式概述和适用场景
1. 跨国并购	通过收购或兼并目标企业，快速获取其现有的业务资源、市场份额和技术能力。这种模式包括收购控制性股权或通过并购整合目标企业
2. 成立合资企业	本国企业与目标企业合作，共同投资成立新公司，双方按照约定的出资比例分享利润和风险。合资方通常拥有当地市场的资源、经验和人脉，可以减少进入市场的障碍
3. 战略投资	通过收购目标企业的部分股份，实现与对方的战略合作或技术、市场资源共享。这种投资通常是长期性的，企业未必追求完全控制权
4. 技术并购	通过收购具有先进技术的目标企业，以获取其新技术和研发能力，提升自身在全球市场的技术竞争力。这种模式常见于高科技领域，如芯片、软件、医疗设备等行业
5. 资源并购	通过收购海外资源公司或项目，获取自然资源或其他稀缺资源，如石油、矿产、能源、农业资源等
6. 品牌并购	通过收购知名品牌，快速进入新市场并获得其品牌资产和市场认可度。这种模式尤其适用于消费品行业，企业通过品牌效应可以快速获得忠实客户群体
7. 产业链并购	通过收购上游供应商或下游分销商，增强对整个供应链的控制，优化成本结构，提高运营效率。这种模式旨在通过整合产业链来提高竞争力
8. 市场并购	收购目标国家具有市场渠道和客户基础的公司，以迅速打开新市场、扩大销售网络。这种模式尤其适用于计划进入陌生市场的企业

表 4-4 中这八种投资并购形式各有优缺点，企业在选择时需考虑自身的战略目标、风险承受能力及所面对的市场环境。随着全球经济形势的变化和政策环境的调整，企业投资并购出海的形式也在不断演变。

利用投资并购这种出海模式，企业可以实现如下目标。

（1）**快速获取市场与技术资源**：通过投资并购当地企业，利用对方已有的市场渠道、先进技术、客户资源和品牌影响力，企业可以快速进入目标市场，降低市场进入的时间成本和不确定性。

例如，我们服务过浙江的一家机床设备生产企业，它目前在中低端产品市场已经做到国内头部位置，但是在被国外企业所掌控的高端产品市场一直没有什么进展。其实，该行业的中低端市场在 20 年前也曾被国外企业所垄断，当时一台低端机床就能卖到 50 万元，后来国内企业在技术上形成突破之后，其市场价就锐减到 5 万元，这导致国外企业快速丢掉了中低端市场。而高端市场容量有限，所以这几年这些国外企业的日子也都不太好过。于是，经过我们的交流，这家企业的管理者就启动了海外高端机床企业的收购计划，以此来填补自身在高端技术方面的空白。

（2）**提升品牌与全球竞争力：**收购知名国际品牌，可以增强企业在全球的品牌影响力，优化供应链和生产资源，提升企业的运营效率与国际竞争力。并购拥有核心技术和研发能力的海外企业，有助于中国企业在技术创新方面实现跨越式发展，快速提升全球竞争力，如高科技、制药等领域。

2004 年联想以 12.5 亿美元收购 IBM 个人电脑业务，2010 年吉利汽车以 18 亿美元收购沃尔沃汽车，2012 年万达集团以 7 亿美元收购美国电影连锁院线 AMC 公司，2016 年海尔以 54 亿美元收购 GE 家电业务等，这些收购都是为了提升企业的品牌影响力和全球竞争力。

（3）**规避贸易壁垒与获取国际化管理经验：**并购海外企业有助于规避当地的一些贸易限制，同时吸收国际化管理经验和管理人才，提升企业的全球化运营水平。例如，通过在当地设立生产基地，可以绕开贸易壁垒，降低贸易风险，减少相关成本并提高盈利能力。

投资并购是中国企业在过去三十多年常用的一种出海方式。截至 2023 年年末，中国对外直接投资存量 2.96 万亿美元，连续七年排名全球前三，中国境内投资者共在全球 189 个国家和地区设立境外企业 4.8 万家。

中国知名的出海企业基本上都有海外收购历史，如中化、中海油、中粮、华为、海尔、复兴、TCL、青岛啤酒、中联重科、三一重工、美的、腾讯、安邦保险等。那么对于初次出海的企业而言，如何利用投资并购的方式快速切入当地市场呢？下面我们来看看华为的案例。

1996 年，华为在其莫斯科代表处成立后，就向俄罗斯邮电部提出对 C&C08 交换机进行入网测试，以获得俄罗斯市场准入资格，但俄罗斯邮电部却迟迟不肯表态。直到中国驻俄罗斯大使亲笔致信表示支持，同时华为承诺在俄罗斯组建合资企业转让 C&C08 交换机全部技术，俄罗斯邮电部才同意进行入网测试。

1997 年 4 月，在俄罗斯联邦巴什科尔托斯坦共和国首都乌法，华为与当地企业贝托康采恩股份公司、莫斯科电信股份公司签署合资企业组建文件，俄方占股 53.5%，华为占股 46.5%，注册资本总额 310 亿卢布（见图 4-5）。贝托 – 华为也是当时中国在俄罗斯境内规模最大的工业合资企业。

图 4-5　合资公司贝托 – 华为

虽然贝托 – 华为后来发展得不是很好，但从历史作用来看，贝托 – 华为是在特定时期为特定市场的特定要求而生的，为华为拓展俄罗斯市场取得了原始信任。贝托 – 华为作为海外攻坚的尖刀连，功不可没。

企业在进行海外投资并购时面临诸多挑战，如地缘政治风险、境外监管审批风险、文化差异和管理理念的整合困难、政策和法律环境差异引发的合规风险、汇率波动带来的财务风险、对目标企业估值不准确和信息不对称导致的收购价格不合理等。因此，企业在进行海外并购时需要谨慎决策，进行全面的商业尽职调查，及早识别商业风险，为投后整合打下坚实的基础，确保投资并购的风险可控。

小结

选择最适合自己的出海模式

选择适合自身的出海模式十分重要。**自主出海**，适合有强大品牌影响力的企业，能直接输出品牌价值；**跟随客户出海**，可借助已有客户关系降低市场风险；**合作出海**，能资源共享、优势互补；**产业链整合出海**，有利于形成产业协同效应；**投资并购出海**，可快速获取海外资源与市场份额。

每个企业的资源、能力都不同，没有哪种出海模式是通用的。选择正确的出海模式能让企业在海外市场少走弯路，高效利用资源，更好地实现可持续发展。因此，企业需对自身进行精准评估，找到与自身战略、资源相匹配的出海模式，以顺利开启国际化之旅。

出海策略

打响『桥头堡战役』，实现海外市场全面开花

第五章

国别选择：

出海第一步且最关键的一步

国别选择是指企业在走向海外市场时，根据自身的发展战略、市场需求、产品或服务特点、资源与能力等多方面因素，对不同国家或地区进行评估与筛选，从而确定优先进入哪些国家及后续拓展的顺序。

在这个过程中，企业需要全面评估各个国家的经济发展水平、市场潜力、政策环境、文化差异、法律法规等因素，确保企业能够在目标国家实现可持续的运营和盈利。

从市场规模来看，企业应优先选择经济发达、市场容量大的国家，如美国、欧盟成员国等，以获取更多的业务机会和客户群体；从地缘因素考虑，周边国家可以作为早期拓展的选择，因其文化相近，在物流等方面也有一定的便利性；资源导向型企业会优先选择资源丰富的国家，比如矿业企业会聚焦资源储备量大的非洲、南美等地区的国家；政策环境也是重要的参考因素，企业倾向于选择对外资政策友好、营商环境稳定的国家；同时，行业发展水平也对国别选择有一定的影响，高科技企业可能优先选择在科技产业发达、对创新接受度高的国家布局。

国别选择决定了企业全球化战略的布局，是企业成功进入海外市场的关键一步。

第一节　关系复杂和差异巨大的海外市场

一、各国之间关系复杂，既是对手也是朋友

当前的国际形势复杂多变，全球化的发展使得各个国家间的经济、科技、文化联系日益紧密，但与此同时，地缘政治、战略竞争和安全问题依然是国际关系中的主要矛盾点。**大国间的关系尤为复杂，既有合作，又有竞争，彼此深度依赖，但又互相警惕，形成了"你中有我，我中有你"的局面。**

中美关系是当前国际关系的核心之一。两国在经济、科技和贸易上有着深刻的交集，但近年来也发生了多次贸易摩擦、科技争端。然而，双方在全球供应链、金融体系等领域又密不可分，因此竞争与合作并存，呈现出复杂的博弈局面。

与此同时，全球多极化趋势加速发展，新兴经济体如印度、巴西、南非等国家在国际事务中发挥着越来越重要的作用。金砖国家（BRICS）和东盟等多边合作的机制为全球治理注入了新的力量，这些国家不再只是大国的附属，而是成为全球事务的独立参与者。

总体而言，全球的政治、安全和经济格局正处于一种微妙的平衡中，各个国家之间既存在深度合作的需求，又在多个领域存在不可忽视的竞争与对立，国际关系变得日益复杂且充满不确定性。

二、美国对全球经济的影响及其主导的贸易圈

美国作为当前全球最大的经济体，长期以来在全球经济发展中发挥着主导作用。其影响不仅表现在经济规模、科技创新和金融体系方面，它还通过贸易政策、全球产业链和跨国机构来影响着世界经济的发展。然而，随着全球多极化趋势加速、新兴经济体崛起及国际局势日益复杂化，美国在全球经济中的主导地位正面临多重挑战，未来的发展趋势也充满不确定性。

美国 2023 年的 GDP 为 27.36 万亿美元，排名全球第一。同时，美国也是全球最大的消费市场之一，2023 年进口金额达到 3.2 万亿美元，排名全球第一。

美国深度参与全球贸易，以维持自己在全球经济中的重要地位。以下是美国主导或参与的贸易圈。

1. 北美自由贸易区（NAFTA）与美墨加协议（USMCA）

NAFTA 成立于 1994 年，由美国、加拿大、墨西哥三个国家组成，是世界上最大的自由贸易区之一。它通过降低关税和减少贸易壁垒，推动了北美区域内的经济一体化。而 USMCA 是 2018 年在 NAFTA 基础上修订的新协定，它进一步更新了规则，增加了劳工和环境保护的条款，重点强化了汽车工业的生产要求。

2023 年，墨西哥二十多年来首次超过中国，成为美国进口商品的最大来源国。这一趋势表明美国企业正在逐步减少对中国商品的依赖，转而寻求更接近本土的供应来源。

2. 美欧贸易关系

美国与欧盟的经济关系紧密，尽管双方未达成类似于 NAFTA 的区域性贸

易协定，但美欧之间的双边贸易和投资协议是世界上最大的经济伙伴关系之一。双方长期在讨论跨大西洋贸易与投资伙伴关系协定（TTIP），但该谈判目前处于停滞状态。

3. 美日韩贸易合作

美国与日本和韩国分别签署了自由贸易协定（FTA），这两个国家也是美国在亚洲的重要贸易伙伴。

当前，美国在全球经济中仍保持主导地位，尤其在金融、科技和能源等关键领域。尽管面临来自中国等新兴经济体的挑战，但美国通过科技创新、能源转型和强大的金融体系，仍将在未来的全球经济中扮演重要角色。

美国的政策走向、贸易调整及货币政策的变动，都将深刻影响中国出海企业的发展。例如，**美元的升值增加了中国企业的融资成本，而美国的科技封锁和供应链"近岸化"战略迫使中国企业加速技术自主创新和全球供应链调整，高关税和贸易协定的排他性则削弱了中国企业在美国市场的竞争力。**因此，中国出海企业需要审时度势，根据海外市场的变化及时调整出海策略。

三、中国在世界经济中扮演的角色及其影响力

中国在世界经济中占据着举足轻重的地位，既是全球经济增长的重要引擎，也是国际贸易和投资的关键推动者。作为世界第二大经济体，中国的制造业和消费市场在全球供应链中发挥着核心作用。其科技创新，特别是在5G、人工智能和清洁能源等领域，对全球技术进步产生了深远影响。另外，通过"一带一路"倡议和对外投资，中国推动了全球的基础设施建设与互联互通。

中国是全球经济的重要参与者和贡献者，连续七年保持货物贸易第一大国

地位，进出口总额巨大。表 5-1 是近几年中国与主要贸易伙伴的交易情况，从中可以看出中国在全球经济中扮演着重要的角色。

表 5-1　中国与主要贸易伙伴的交易情况

主要贸易伙伴	贸易金额（亿美元）				
	2023 年	2022 年	2021 年	2020 年	2019 年
美国	6639	7516	7455	5869	5415
日本	3179	3562	3695	3172	3150
韩国	3106	3593	3591	2855	2845
俄罗斯	2402	1900	1467	1081	1109
澳大利亚	2300	2201	2283	1711	1695
越南	2297	2308	2284	1922	1619
德国	2067	2264	2336	1919	1848
马来西亚	1902	2006	1743	1314	1240

数据来源：中国海关总署。

中国作为全球最大的发展中国家，是新兴市场的领导者。近年来，中国不断在国际平台上代表新兴市场发声，推动全球治理改革，倡导更公平的国际经济秩序。以下是中国主导或参与的贸易圈。

1. "一带一路" 倡议

"一带一路"是"丝绸之路经济带"和"21 世纪海上丝绸之路"的简称。该倡议于 2013 年提出，覆盖亚、欧、非等多个国家，旨在通过建设公路、铁路、港口等基础设施，促进共建国家的经济发展和互联互通。截至 2023 年 6 月底，中国与 150 多个国家、30 多个国际组织签署了 230 多份共建"一带一路"合作文件。涉及的重点领域包括贸易、投资、能源合作、金融合作等。自 2013 年到 2022 年，中国与共建国家的货物贸易累计规模达到 19.1 万亿美元，实现年均 6.4% 的增速，累计双向投资超过 3800 亿美元，建设了中老铁路、雅万高铁、蒙内铁路等一系列标志性项目，取得了丰硕的成果。

2. 区域全面经济伙伴关系协定（RCEP）

该协定于 2020 年签署，包括东盟 10 国（如印度尼西亚、泰国、新加坡等）与中国、日本、韩国、澳大利亚、新西兰共 15 个成员国。2023 年菲律宾也加入其中，截至 2024 年总共有 16 个成员国。RCEP 是全球最大的自由贸易协定，覆盖区域总人口、GDP 总值、货物贸易金额均占全球比重约 30%。RCEP 致力于降低关税、简化贸易规则、促进市场准入，推动区域内的贸易一体化和投资便利化。

国际货币基金组织预测，从 2023 年到 2029 年，RCEP 地区的 GDP 可能增长 10.9 万亿美元，约为美国和欧盟同期 GDP 增长规模的 1.4 倍和 2.6 倍。

3. 金砖国家合作机制（BRICS）

该组织于 2006 年首次举行外长会议，成员国包括中国、巴西、俄罗斯、印度和南非。金砖国家致力于推动全球经济治理改革，特别是在世界银行和国际货币基金组织中提升新兴市场的发言权。此外，金砖国家还成立了金砖国家新开发银行，用于支持基础设施和可持续发展项目。从 2013 年到 2022 年的 10 年时间里，金砖五国的 GDP 总和由 16.59 万亿美元提升至 25.91 万亿美元，占全球 GDP 总和的比重也从 21.37% 提升至 25.77%。2024 年 1 月 1 日，沙特、埃及、阿联酋、伊朗、埃塞俄比亚成为 BRICS 正式成员，金砖五国也变成了金砖十国。

4. 上海合作组织（SCO）

该组织成立于 2001 年。截至 2024 年，共有中国、俄罗斯、哈萨克斯坦、吉尔吉斯斯坦、塔吉克斯坦、乌兹别克斯坦、印度、巴基斯坦、伊朗、白俄罗斯 10 个成员国，蒙古国和阿富汗 2 个观察员国，以及沙特等 14 个对话伙伴。SCO 最初侧重于安全合作（打击恐怖主义、分裂主义和极端主义），后来扩展到经济、文化、能源等领域的合作，实现安全与经济合作"双轮驱动"模式。

未来，中国在世界经济舞台上必将担当重要角色。它是世界经济增长的火车头， 凭借自身巨大的市场潜力为全球经济注入活力。同时，中国经济如同稳定器一样，在全球经济波动时能提供强力支撑。多年来，中国不仅自身蓬勃发展，更为世界经济的繁荣贡献了关键力量。

四、识别不同国家的差异，让出海战略有的放矢

识别不同国家的差异对企业制定出海战略意义重大。从市场角度看，不同国家的消费需求与偏好各异，做好相关识别能助力企业精准定位产品；在政策方面，各国的贸易、税收等政策不同，做好相关识别可避免企业因不了解政策法规而违规受罚；在文化方面，各国的习俗、文化等也大相径庭，尊重并适应不同国家的文化能增强品牌亲和力。下面我们来看三类非常典型的区域或国家的市场情况。

1. 最热门的出海区域之一——东盟

东南亚国家联盟（Association of Southeast Asian Nations）简称东盟（ASEAN），1967 年 8 月 8 日成立于泰国曼谷，现有十个成员国：文莱、柬埔寨、印度尼西亚、老挝、马来西亚、缅甸、菲律宾、新加坡、泰国、越南。联

盟成员国总面积约 449 万平方千米，人口约 6.7 亿，秘书处设在印度尼西亚首都雅加达。

东盟自由贸易区成员国之间的绝大多数商品关税被削减至 5% 以下，同时东盟各国不断在努力减少非关税壁垒，如不同的技术标准、认证程序和海关规定等。通过不断协调和统一标准，东盟国家间的贸易便利性正在逐步提高。东盟大部分成员国之间已经实现了免签。例如，马来西亚、新加坡、泰国、菲律宾、印度尼西亚、越南等国家的公民在大多数东盟国家都可以免签停留 30 天至 90 天不等。

东盟各国与国内主要城市的距离都不远，同时中国与马来西亚、新加坡、泰国等部分东盟国家实现双边互免签证，从国内去往东南亚是非常便利的。

为什么东盟成为中国企业出海首选地呢？主要因为以下三个关键因素。

（1）**市场潜力巨大，很有发展空间**：截至 2024 年，东盟拥有约 6.7 亿人口，预计 2027 年总人口将突破 7 亿，其中印度尼西亚、菲律宾和越南都是人口大国。东盟人口结构年轻化，30 岁以下的人口占比超过 50%，这为消费市场提供了持续增长的动力。预计到 2030 年，东盟中产阶级人数将达到 3.5 亿。

（2）**经济增长强劲，多国齐头并进**：2023 年，东盟十国 GDP 总额为 3.88 万亿美元。东盟经济体近年来的经济增长率一直保持在 4% ~ 6%，尤其是越南、菲律宾、印度尼西亚和马来西亚等国家表现突出，为中国企业提供了重要的投资和拓展空间。当前，东盟国家大力挖掘数字经济潜力，加速推动数字化转型。2023 年，东盟数字经济加快发展，电子商务、食品配送、在线媒体等领域增势良好，医疗科技、教育科技、汽车等行业的在线交易比例不断增加。

（3）**政策支持和区域合作**：2010 年，中国—东盟自由贸易区全面实施，这降低了双方之间的关税和贸易壁垒，促进了该区域的贸易自由化和经济一体化。2013 年，中国提出"一带一路"倡议，推动了中国同周边国家命运共同体建设，该倡议的提出也加强了中国与东南亚地区以及其他周边国家的经济合作，推动了基础设施建设和互联互通。2020年，中国与东盟国家以及其他周边国家签署了"区域全面经济伙伴关系协定"（RCEP），建立了亚太地区最大的自由贸易区，进一步促进了该区域的经济一体化和贸易自由化。

因经济增长快、市场需求旺盛、地理接近、文化相近等优势，东盟逐渐成为中国企业出海非常青睐的区域。为了更好地开拓市场，国内企业在当地也成功孵化了不少企业，比较典型的就是极兔速递。

极兔速递（以下简称极兔）是一家全球物流服务提供商，其快递业务目前覆盖中国、印度尼西亚、越南、马来西亚、泰国、菲律宾、柬埔寨等多个国家，服务全球逾20亿人口。2023年，极兔速递在东南亚地区处理的包裹量为32.4亿件，在东南亚的市场份额为25.4%，连续多年排名第一。

极兔是如何取得成功的呢？

（1）**捕捉行业痛点，打造差异化竞争力**：随着东盟电商市场的快速崛起，各类商品的在线交易比例不断增加。而当时印度尼西亚传统物流公司的服务、效率都跟不上电商的发展速度，存在诸多痛点，无法满足商家和消费者的需求，如上门取件额外收费、物流轨迹不可见、快递周期长、节假日停运等。极兔抓住这个机会，以免费上门取件、提供物流轨迹查询、实现隔日达或当日达、全年无休等优势迅速打开市场。

（2）**经验复制与本地化运作**：为了快速占领市场，极兔创始人李杰将在中国积累的物流行业竞争经验复制到印度尼西亚。同时，极兔高度重视本地化运营，其印度尼西亚总部只有十多个中国员工，解决了出海企业常遇到的"水土不服"问题。随后，其利用OPPO在印度尼西亚的分销网络，迅速建立起全国性的物流网络。

（3）**打造战无不胜的组织体系**：极兔的创始团队大多来自OPPO和步步高

体系，有着类似的企业文化和统一的价值观。李杰作为该企业的核心人物，具备领导魅力，知人善用且重视利益分享。极兔在印度尼西亚的成功也得益于其团队的执行力以及在印度尼西亚市场的创业经验。

极兔在印度尼西亚的成功为中国企业出海提供了重要启示，即企业应高度重视本地化运营，深入理解市场需求，结合数字化技术和电商平台的快速崛起来推动业务扩展，同时通过提供高性价比的服务来获取市场竞争优势。这一经验表明，灵活调整战略、抓住本地机遇、提升运营效率是中国企业在海外市场取得成功的关键。

国内一线城市到东盟的航班非常多，比如深圳每天直飞曼谷的航班高达15架次，每周到东盟的航班总数超过500架次。同时，东盟多国都对中国公民实施了落地签政策，航班和签证方面都非常方便，有出海意向的企业管理者可以去当地考察一下。

2. 令人流连忘返的热土——非洲

非洲大陆是全球第二大陆，总面积约为3000万平方千米，约占全球陆地总面积的20%。非洲是世界第二人口大洲，约有14.6亿人，约占全球总人口的16.7%，而且非洲人口的年轻化趋势明显，约60%的人口在25岁以下，这意味着未来可能会有大量劳动力进入市场。同时，非洲的年均人口增长率约为2.5%，是全球最高的，到2050年预计将达到25亿人。届时，预计将有超过11亿非洲人生活在城市中，城市化进程将不断加速。

预计到2050年，非洲的GDP将达到10万亿美元，成为全球重要的经济增长引擎。强劲的经济和人口增长速度，注定使非洲在接下来30年成为一片发展的热土。

那中国企业到非洲主要的机会点是什么呢？

（1）**基础设施建设与投资**：非洲的基础设施相对落后，对交通、电力、水利等方面的需求巨大。中国企业在基建领域具有全球领先的经验和技术，特别是公路、铁路、港口、电站等领域。通过"一带一路"倡议，中国企业与非洲国家在基础设施项目上合作频繁，这为中国企业提供了广阔的市场和无数的投资机会。《中国—非洲国家共建"一带一路"发展报告》2024 版蓝皮书显示：近十年来，中国企业累计在非洲签订承包工程合同额超过 7000 亿美元，完成营业额超过 4000 亿美元。中国企业已在非洲各国累计参与新建和改造铁路超过 1 万千米、公路近 10 万千米、桥梁近千座、港口近百个、输变电线路 6.6 万千米、骨干通信网络 15 万千米。

（2）**自然资源开发与合作**：非洲矿产资源种类丰富、储量大，是全球最重要的矿产资源供应地之一，铀、铬、锰、钴、钒、金、铝土矿、铂族金属、铷、金刚石、磷等优势矿产储量位居世界前列，石油、天然气、铁、铜、钯、锗、萤石、石墨等矿产也占有较大比例。这给出海企业在能源、矿业等领域带来了大量商机。中国企业可以通过技术、资金、设备支持，与非洲国家进行合作，推动当地资源的开采和出口，满足全球市场对这些资源的需求。目前，已有多家中国企业在非洲开展了相关业务，如宝武钢铁在利比里亚、中国五矿在博茨瓦纳、紫金矿业在刚果（金）、金川集团在南非、江西铜业和金诚信矿业在赞比亚等都有大量的投资项目。

（3）**消费市场与产业升级**：随着城市化进程的推进，非洲消费市场潜力巨大，尤其是电子产品、家电、汽车、快消品等领域，中国企业可以通过提供物美价廉的商品进入这一新兴市场。同时，非洲国家越来越重视产业升级，中国的制造业、电子信息技术等行业的企业可以帮助非洲实现产业链的提升，推动本地化生产与就业增长。很多国内企业在这方面做得非常好，如传音手机、海信电视、海尔空调、格力空调、奇瑞汽车、长城汽车等。

非洲作为一片投资热土，孕育了不少优秀的公司，其中就包括在非洲家喻户晓的传音手机。作为一家在国内名不见经传的小公司，他们利用产品特性抓住区域细分市场，最终通过局部市场起家进而带动全球市场。

传音公司（以下简称传音）成立于 2006 年，总部位于深圳。自成立以来，传音经历了快速的发展和扩张：2008 年正式进军非洲市场，2018 年就成为非洲市场智能手机出货量第一的品牌，而到了 2021 年其智能手机出货量全球排名第五，因此也被称为"非洲手机之王"。传音公司在非洲市场取得成功的原因如下。

（1）产品非洲属地化特性显著，主要体现在以下几点。

四卡四待： 手机 SIM 卡在国内顶多就是双卡双待，我们几乎没有听说过四卡四待。而在非洲做四卡四待的原因主要是非洲通信网络覆盖不足、通话信号不稳定，不同的通信运营商的基站布局不一样，有的地方 A 运营商信号好，有的地方 B 运营商才有信号，而当地人办理电话卡又非常便宜，所以大家都习惯办理多张电话卡。同时，不同的运营商之间跨网收费贵，比如 A 运营商的号码互相之间通话非常便宜，但是 A 运营商的号码拨打 B 运营商的号码就会贵几倍甚至数十倍，因此当地人基本都会买多张不同运营商的手机卡。这也是非洲特有的市场情况。

手机拍照： 传音开发了独特的成像技术，如眼睛和牙齿补光拍照、皮肤美颜等，能够更好地捕捉较深肤色的用户的面部特征。这一设计使得非洲用户在拍照时能够展现更自然的肤色，增强了社交媒体分享的吸引力。这一非常具有本土化特色的功能，深深地打动了当地消费者。

外扩音响： 非洲人常说音乐和歌舞是他们生命的一部分，这种说法并不夸张。非洲本地人特别喜欢歌舞，路边随便一家餐厅或酒吧放歌，都会吸引一群人在门口唱歌跳舞。针对本地消费者的这一特色喜好，传音手机专门设计了适合非洲音乐的外扩音响功能，并开发了音乐流媒体播放平台 Boomplay，它目前已成为非洲最大的音乐流媒体平台。

超长待机：非洲大部分地区的电力供应都不稳定，很多时候手机充电需要靠柴油发电机。因此，对当地人来说充电很不方便，快充和电池耐用是他们切实的诉求。针对这一点，传音推出了"火箭充电"技术，手机充电半小时就可以使用七小时，极大地方便了当地用户。

耐高温、抗汗腐蚀：被称为"热带大陆"的非洲，以其高温、干燥的气候特点而闻名。我在非洲常驻六年，有 80% 的时间都是穿短袖吹空调，如果在室外，每天出汗很多，这对手机的外壳是个很大的考验。因此，传音专门开发了具有耐高温、抗汗腐蚀功能的手机外壳，确保手机在高温和潮湿环境下的耐用性。

支持多语言：非洲方言繁多，除了官方语言如英语、法语、葡萄牙语等之外，传音手机还支持多种当地语言，如斯瓦希里语、阿姆哈拉语、豪萨语等，方便非洲用户使用。

从技术角度来看，以上产品特性很难实现吗？当然不难。对苹果、华为、三星来说，只要愿意去做，肯定可以做出来，而且会做得比传音好。很多出海企业认为自己的产品很先进，各方面都很有优势，到海外就是降维打击，于是就按照惯常的思维来看待当地市场，结果市场却并不买账。传音就如早期的华为，它善于识别客户痛点和需求，定制化开发产品，展开差异化竞争，最终顺利在非洲市场站稳脚跟。

（2）多品牌渗透，给用户多种选择。

传音控股旗下共有 Tecno、Infinix 和 Itel 三大手机品牌，这几个名字许多中国人闻所未闻，但在非洲却家喻户晓。这是传音针对非洲市场的不同人群所推出的不同价位的手机：Tecno 和 Infinix 专注于生产高端和中端智能手机，主要面向工薪阶层和有经济能力的学生；而 Itel 主要生产低端智能手机，更多的是面向老年人和预算较低的消费者。

（3）强大的经销商网络和服务网络。

传音的产品已进入全球 70 多个国家和地区，与超过 2000 家经销商客户建立合作关系，销售网络覆盖了非洲、南亚、东南亚、中东和南美等全球主要新兴市场。

在供应链管理方面，凭借规模及品牌优势，传音在采购环节与供应商建立了稳定友好的合作关系；在生产环节，传音为满足不同国家消费者差异化的市场需求，搭建了多元化的柔性生产线，具有多品种、多批量的生产制造能力；在物流网络建设环节，传音已形成销售市场联动、中央物流与区域物流优势互补的物流配送体系。

在售后服务方面，传音是最早将售后服务体系引入非洲的手机厂商之一。2009 年，传音控股建立了售后品牌 Carlcare，产品销售到哪里，售后网点就同步建到哪里。截至 2024 年，Carlcare 已经在全球拥有超过 2000 个服务接触点（含第三方合作服务网点），是新兴市场主要的多品类售后服务方案解决商之一。

传音公司在非洲市场的成功，得益于其精准的市场定位、本地化的营销策略、高性价比的产品和技术创新等因素。这些因素使得传音公司能够在非洲市场获得消费者的认可和信赖，从而取得了巨大的成功，成为非洲手机市场的领军企业。

3. 小而美的独特市场——小国家

小国家通常是指面积较小、经济规模较小、人口数量有限的国家，可以根据土地面积、经济指标和人口等因素来衡量。

人口：许多机构将人口数量作为定义小国家的标准，通常把上限设为1000万，即人口少于1000万的都是小国。全球这样的国家大约有90个，比如非洲的毛里求斯、纳米比亚、博茨瓦纳等，欧洲的挪威、爱尔兰、冰岛等，亚洲的新加坡、卡塔尔、科威特等。

土地面积：国土面积较小的国家通常也可以被视为小国家。

经济指标：经济规模（如GDP）和外贸依赖度也常被用来定义小国家。小国家往往在全球贸易中占有较小的份额，且经济体系较为脆弱。

这些小国家通常在经济、社会和环境等方面面临独特的挑战，如经济脆弱性、自然灾害风险和外部依赖性等。

为什么要单独来讲小国家呢？对于中国出海企业来说，它们有什么独特的优势吗？

（1）**竞争较少，政策优惠**：小国家市场相对较小，往往难以吸引国际型大企业，因此竞争相对较小。中国企业进入这类市场时，面临的竞争压力可能比进入大国市场要小，这使得中国企业更容易占据市场份额，特别是在某些消费品、基础设施建设等领域。同时，小国家政府通常对外资更加开放，以吸引国外投资来促进本国经济发展。例如，东欧的塞尔维亚虽然是一个小国，但它是连接东西方的重要交通枢纽，也是欧洲与亚洲经济交流的关键桥梁，因此吸引了很多中国企业前往投资。同时，塞尔维亚对中国企业也提供了税收优惠、简化行政审批等政策支持。

（2）**市场需求明确，适合本土运营**：小国家往往处于经济快速增长或消费升级阶段，市场需求集中且明确，中国企业可以通过快速响应本地需求，如提供价格适中、质量可靠的产品，来迅速占领当地市场。由于小国家的市场规模较小，中国企业更容易进行本地化的生产和经营，可以更好、更快地适应当地消费者的需求。例如，比亚迪在进入马耳他市场后，不仅提供了适应当地消费者需求的电动汽车，还通过当地的代理商和服务中心提供售后支持和维护服务。马耳他政府为了推动电动汽车的使用，还为比亚迪的项目提供了税收优惠和财政补贴，进一步促进了电动汽车在当地的推广。

（3）**品牌认知与市场教育成本低**：在小国家，企业提升自身的品牌认知度相对容易。通过市场营销和宣传活动，企业能够迅速建立品牌形象，获得本地消费者的信任。同时，由于市场规模较小，企业在进行市场教育和推广时的成本相对较低，能够有效培养消费者对新产品的认知和接受度，这为企业在小国家的成功奠定了基础。

通过以上内容可以看出，与那些大国家相比，小国家的市场竞争和文化障碍较少，政策也更加开放，中国企业更容易通过灵活的市场策略低成本、低风险地进入当地市场，并迅速突破市场限制，实现企业战略目标。因此，风险厌恶型的企业或市场准入门槛极高的行业企业可以充分利用这样的市场机会，将小国家作为出海的首选地。

例如，华为所处的通信行业市场准入门槛就非常高，没有品牌和产品力，一些大国的市场根本就进不去，客户甚至连赠送的设备都不要，更别说销售了，所以，从小国突破就成为这类行业出海的首选。下面跟大家分享一下华为在非洲小国毛里求斯的拓展历程。

毛里求斯是非洲东部的一个岛国，人口约 126 万，国土面积约 2040 平方千米，2023 年的 GDP 约为 144 亿美元，人均 GDP 约为 11420 美元。毛里求斯是非洲经济发展较好的国家之一，国家经济主要依赖于旅游业、纺织业、制糖业和金融服务业。作为全球旅游胜地，它与马尔代夫、塞舌尔一起被称为"印度洋上的三大明珠"。

华为开始拓展毛里求斯市场时，当地的运营商主要有两个——毛里求斯电信和 Emtel，但它们基本都不搭理华为。煎熬两年时间后，华为终于等到一个机会：在毛里求斯东部 560 千米处有一个罗德里格斯岛，面积约 108 平方千米，岛上有四万居民，却一直都没有通信信号。Emtel 要求西方通信企业去安装几个基站，以解决岛上居民的日常通信需求，但都被它们以成本太高为由拒绝了。最后，Emtel 只好找到了华为。

华为也知道这是质量很差的合同，客户预算有限，设备成本、物流成本和安装成本基本是客户预算的两倍以上，谁做谁亏损。但这是打开毛里求斯甚至非洲市场的绝佳机会，华为决定不计成本拿下此单，建立客户基本信任。在实际交付过程中，客户基站不具备施工条件，窝工现象特别明显，加上岛上的台风天气太多，原本预计的三个月工期增加到一年。岛上的生活条件很差，生活物资都靠主岛海运保障，遇到台风天气人们就只能每天啃面包，这也导致岛上的物价非常高。以上因素最终导致项目亏损巨大，决算成本比签单之前的概算成本又高出 50%。但是华为没有抱怨，也没有找客户做合同变更。客户被华为员工这种兢兢业业的工作态度、随叫随到的服务精神所感动，他们认识到华为是一家值得信任和托付的企业。

于是，客户在 2004 年启动全国无线 3G 网络建设项目招标时，主动邀请了华为投标。最终，华为从一众西方公司的包围中杀出重围顺利中标，这是华为在全球承建的第三个也是非洲首个无线 3G 网络项目，合同金额近千万美元。从此，华为在毛里求斯市场的拓展进入了快车道，每年都能签署上千万美元的订单，而在毛里求斯的突破也带动了其在非洲其他市场的进展。

在毛里求斯的发展历程给华为进军全球市场提供了很好的参考和警示。即**使在所有人都认为最容易突破的非洲市场，华为仍然面临重重阻碍，甚至连毛里求斯这样的非洲小国都不能一次性突破，最终还要从一个更小的岛（罗德里格斯岛）亏本入手。**

通过以上案例可以看出，出海的难度远超想象，即使当年全力以赴的华为也是屡屡遭遇挫折与困境。所以，出海从来都不是一件很简单、很容易的事情，确定从哪里切入非常关键，也就是国别的选择。

第二节　国别选择的标准和决策因素

中国企业在出海时将面临法律与政策复杂性、文化差异、经济多样性、政治风险以及资源限制等多重挑战，这使得国别选择变得非常关键。大家先思考如下关于国别选择的问题。

先突破两三个重点国家的市场，还是到更多的国家试试运气？

先从相对容易的亚非拉市场做起，还是从更难的欧美市场做起？

先从市场容量小的小国家入手，还是从市场容量大的大国家入手？

先做离得近的东南亚和中亚市场，还是离得远的非洲、欧洲和拉美市场？

先去有行业补贴或政策支持的国家，还是先去市场更大的国家？

先做国内同行已经耕耘成熟的国家，还是错位竞争去新的国家？

......

以上问题并没有标准答案。不同的行业、竞争格局、出海追求、管理层决策风格、目前发展阶段和资源水平等，都决定了不同的国别选择标准。

一、从轻资产和重资产投入角度选择国别

企业出海发展的目的不同，选择国别的标准也会有所差异。**为了耕耘当地**

市场而选择轻资产投入的企业，与为了投资建厂而选择重资产投入的企业，两者之间的国别选择侧重点就完全不一样。下面分别从轻资产投入和重资产投入两个方面分别阐述国别选择标准。

1. 轻资产投入

轻资产投入是指企业在拓展海外市场时，不通过大规模的资本性投资或基础设施建设，而是依靠较少的资产投入，如招聘本地员工、建立本土运营团队、做好品牌管理、拓展销售渠道等方式，来实现业务增长和市场突破。这种模式强调通过灵活的运营和管理手段快速进入市场，减少经营风险，同时获得可观的利润回报。

中国企业选择轻资产投入进行海外拓展时，市场规模与增长潜力、竞争环境与进入难度、政策与法规环境是国别选择的主要参考因素。

（1）**市场规模与增长潜力**：选择一个具有足够市场规模和消费能力的国家，能够增加企业在当地市场的业务增长机会。除了关注当前的市场规模，企业还应评估该国的经济增长率、消费者的购买力以及市场未来的发展潜力，快速增长的市场通常会有更多商机。

例如，彩妆行业在东南亚市场规模很大，增长潜力也很大。到 2024 年年末，东南亚彩妆市场规模预计将达到 342.1 亿美元，未来几年，市场预计将保持稳定增长，年复合增长率预计为 3.3% ～ 4%。近年来，印度尼西亚、菲律宾、泰国和越南彩妆市场快速发展，尤其是印度尼西亚和越南自 2019 年以来市场规模增长超过 100%。在 Shopee 和 Lazada 这两大平台上，越南（约占 41%）和印度尼西亚（约占 32.9%）拥有很高的彩妆产品市场份额，合计占东南亚整体市场份额的 70% 以上。其中，印度尼西亚拥有数量庞大的人口，在美容和个人护理市场蕴含巨大潜力，为各类相关产品提供了有利的发展环境。

通过以上分析可以发现，印度尼西亚人口基数大、年轻人占比高，市场规模有很大的增长空间，具备极大的发展潜力，是一个值得彩妆行业的企业去深耕的市场。

（2）**竞争环境与进入难度**：企业在进入某个市场前，应评估目标市场的竞争环境，了解本地竞争对手的实力、外资企业的进入难度等。在某些国家，国际企业与本地企业的竞争较为激烈，市场进入难度较大，特别是那些发达国家或高度成熟的市场。同时，还需要看是否有市场准入方面的法律制度，有些国家针对外资企业进入特定行业会有法律限制或规定，比如可能要求与本地企业合作或设置外资股权比例上限等。因此，在进入新市场前，需了解该国相关法律规定，选择进入门槛较低的市场。

我们还是以东南亚彩妆市场为例。该市场竞争激烈，参与竞争的既有国际品牌，又有本土品牌和区域品牌，各方势力都在积极争夺市场份额。

第一，欧美大牌，如 L'Oréal、Estée Lauder、MAC、Maybelline 等，凭借其在全球范围内的强大品牌影响力和完善的渠道布局，在东南亚市场占据着重要份额。这些品牌通过高端和大众化两条线并行来覆盖不同的消费群体。

第二，日韩品牌，如 Shiseido、Etude House、Innisfree、3CE 等，以其时尚、潮流的包装设计以及更适合亚洲肤色的产品赢得了众多年轻消费者的青睐。其中，韩国品牌尤其擅长利用社交媒体和代言人的影响力大力推广产品。

第三，近年来，东南亚市场的本土彩妆品牌逐渐崛起，如印度尼西亚的Wardah、泰国的 Srichand、菲律宾的 BLK Cosmetics 等。这些品牌以其价格亲民、贴合本地消费者需求的产品快速占领市场，尤其是在中低端市场和日常使用的彩妆品类中表现突出。

东南亚彩妆市场竞争这么激烈了，那么中国企业还有没有机会呢？当然有。

近年来，很多中国彩妆品牌通过跨境电商进入东南亚市场。这些品牌以高性价比和社交媒体营销为主要竞争手段，迅速吸引了年轻消费者的关注。中国品牌特别擅长电子商务和直播带货等新兴销售方式，在东南亚多个国家的电商平台上都取得了不俗的销售业绩。

（3）**政策与法规环境：**不同国家针对外资企业的政策差异很大。有些国家对外资企业的进入有较高的门槛或严格的监管要求，而有些国家则对外资企业有较多的政策扶持和税收优惠。因此，企业应尽量选择那些政策相对宽松且支持外资企业投资的国家。

轻资产企业通常在税务方面更加敏感，因此需评估目标国家的税收政策是否对自己有利，包括企业所得税、增值税等。某些国家对外资企业有税收减免或优惠政策，这能够降低企业的运营成本。

我们还是以东南亚彩妆市场为例。东南亚国家针对彩妆行业有很多政策要求，且每个国家都不一样。例如，禁止使用汞、氢醌、铅等物质；限制使用防腐剂、色素等，并规定最大使用量；在每个东南亚国家单独进行产品注册或通知，相互之间不认可；注册材料包括产品配方、标签、授权函、GMP[①]证明、自由销售证明、当地公司营业执照等，各国要求不尽相同；彩妆标签必须包括成分表、生产日期、有效期等信息，部分国家要求使用当地语言。

通过以上内容可以看出，**轻资产投入的企业在选择目标国家时，应重点考虑那些经济增长快且市场需求大、竞争压力小且市场准入门槛低、劳动力成本低且具备较高技能水平、营商环境良好且税收优惠明显的国家等。**适合轻资产运营的国家很多，如印度、巴西、俄罗斯、马来西亚等，企业需结合自身的业务模式和目标市场的特性进行选择。

[①] GMP 是英文 Good Manufacturing Practice 的缩写，译为良好生产规范。

2. 重资产投入

重资产投入是指企业在海外扩展时进行大规模的资本性投资，包括兴建工厂、购买土地、投资基础设施等。这类投资通常涉及长期的资金承诺、较高的固定成本以及不可轻易撤出的项目，意味着企业需要在目标市场建立物理资产并进行深度的本地化运营。 与轻资产投入相比，重资产投入的风险更高，但也有可能带来长期稳定的收益。

在海外进行重资产投入，选择目标国家时要更加严谨和细致。以下是重资产投入场景下企业选择目标国家时应重点考虑的因素。

（1）**政治稳定性与法律保障**：目标国家的政治环境将直接影响重资产项目的长期稳定性和安全性。政治不稳定、政府更迭频繁的国家可能导致政策频繁变化，影响企业的投资安全。重资产项目往往具有较长的回报周期，因此选择一个政局长期稳定、政府政策连贯的国家至关重要。

重资产项目通常涉及庞大的资产配置、土地使用等问题，可靠的法律体系可以保障企业的资产安全和合同的有效执行。因此，还需考察目标国家是否有健全的法律体系来保护外资企业的产权和收益，能否在产生纠纷时获得公平的司法支持等。

（2）**基础设施与交通便利性**：重资产项目，如工厂、仓储、物流等，要求有良好的基础设施支持，包括电力供应、交通运输、港口设施、通信网络等。如果基础设施不完善，企业将面临高昂的运营和建设成本。因此，应选择基础设施发达、交通便利的国家。

对于制造业企业来说，良好的物流和供应链是工厂正常运营的基础。企业应优先考虑那些具备良好物流网络、靠近主要港口或全球供应链枢纽的国家。

（3）**劳动力成本与质量**：重资产项目通常需要大量劳动力，特别是制造业和基础设施建设行业。因此，选择劳动力成本低的国家将显著降低企业的运营成本。下面以 13 个国家生产工人 / 机器操作员的平均年薪为例，来看看各国的劳动力成本对比，具体如图 5-1 所示。

生产工人/机器操作员的平均年薪（美元）

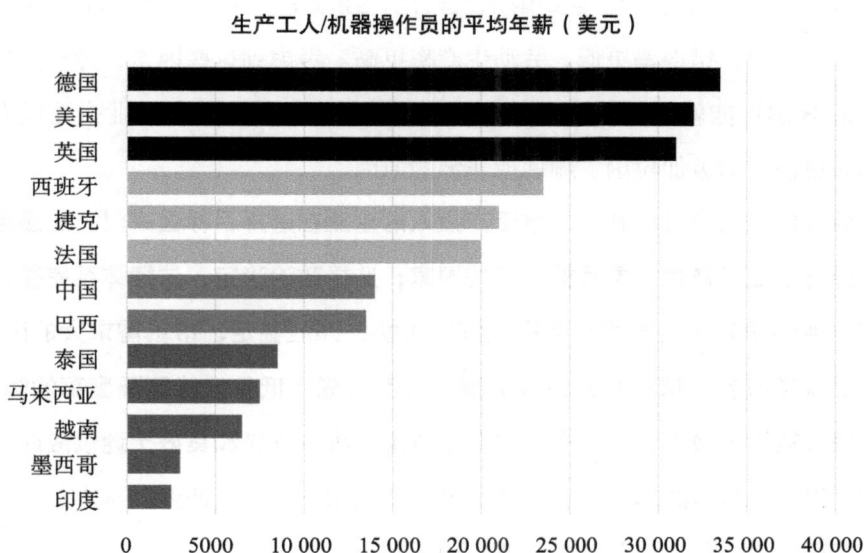

数据来源：The Reshoring Institute（美国制造业回流研究所）。

图 5-1　各国生产工人 / 机器操作员的平均年薪

同时，企业还需要权衡低成本与高技能劳动力的比例，避免单纯追求低成本而忽略了效率和技能。劳动力工资对生产成本的影响取决于制造产品需要多少劳动力。

如果一种产品的劳动力成本占总成本的比重很大，如运动鞋或服装生产行业，那么选择劳动力成本低的国家对于保持产品的低成本非常重要。而纺织和汽车等自动化作业程度较高的行业，大大减少了对劳动力的需求，因此可选择的国家就更多。

另外，劳动生产率也很重要。它是指劳动者在一定时期内创造的劳动成果与其相适应的劳动消耗量的比值，是衡量生产技术的先进性、生产组织的合理性和劳动者劳动积极性的指标之一。例如，A 国的一名工人每月工资为 500 美元，B 国的一名工人每月工资为 300 美元，单纯看这个数据，企业选择去 B 国投资建厂更为合适。但与 B 国工人相比，经验更丰富、技能更好的 A 国工人工作得更快、错误率更低、劳动生产率更高。考虑到这些因素，劳动力成本更低的 B 国可能就不那么有吸引力了。这就是大部分高端制造业企业没有去劳动力更便宜的孟加拉国、缅甸或非洲的原因。

综合以上内容可以看出，**重资产投入的企业在选择目标国家时，应重点考虑选择与企业可持续发展目标相符的国家；选择政治稳定、法律体系完善、对外资企业保护较好的国家；选择经济增长快、外汇稳定、市场需求大的国家，以确保长期收益；选择基础设施完善、劳动力成本低且技能匹配度高的国家，以保障长期运营效率；选择有外资激励政策、税收优惠和良好土地供应政策的国家，以降低投资成本。**适合重资产投入的国家有印度尼西亚、越南、马来西亚、泰国、墨西哥、埃及、肯尼亚、匈牙利等。

二、从行业特性角度选择国别

不同行业的出海企业在选择目标国家时所考虑的关键因素也会有所不同。从宏观层面来看，主要是从市场需求与增长潜力、政策环境与法律体系、成本结构与运营环境等方面去评估；从微观层面来看，需要结合产品特性、行业政策、竞争格局等方面来审视，差别非常大。下面以空气能热泵产品为例进行说明。

作为一款既可以冬天供暖，又可以夏天制冷，还可以提供热水的家用或商用产品，空气能热泵在欧美发达国家非常受欢迎，目前全球市场空间在 1000

亿元以上。随着各国对节能减排诉求的增加、环保政策的推动以及技术的进步，空气能热泵的市场空间在未来几年将继续扩大，预计每年市场增长率在7%以上。

在英国，政府针对居民安装空气能热泵提供了一系列补贴政策，主要通过锅炉升级计划（Boiler Upgrade Scheme）实施。根据最新的政策，每个家庭可以获得高达7500英镑的补贴，用于安装空气源热泵或地源热泵，这一补贴从2023年10月生效，一直持续到2028年。根据政策要求，申请者必须是房主，且所安装的热泵必须替换现有的化石燃料供暖系统（如燃气或燃油锅炉）。同时，在2027年前，热泵的安装费用可享受零增值税的优惠，进一步降低了消费者的负担。

通过这些补贴政策，英国政府有力地推动了空气能热泵的普及，帮助众多家庭降低了能源成本，同时实现了环境保护的目标。类似这样的举措，法国、德国、西班牙、奥地利、美国和澳大利亚等多国都在实施，这也激发了一轮空气能热泵安装浪潮。

基于这样的行业政策，国内的空气能热泵企业，如江苏日出东方、广东芬尼、美的、海尔、格力、广东纽恩泰、浙江中广欧特斯等，将迎来一波重大利好。那么以上这些中国企业在选择海外市场的时候应主要考虑什么因素呢？

（1）优先考虑有政府补贴的国家，并依据补贴金额和政策的有效期排序（权重60%）；

（2）考虑空气能热泵市场空间大或发展潜力大的国家（权重30%）；

（3）考虑空气能热泵市场渗透率低、市场想象空间大的国家（权重10%）。

如果按照以上因素评估，空气能热泵的重点市场无疑就是西欧，当地不仅有政府补贴，市场空间也很大。因此，空气能热泵企业的海外突破重心就可以放在西欧。

下面我们再来分析另外一个大产业——光伏。

目前，中国光伏产业的市场竞争相当激烈，从硅料供应到电池片、组件制造的整个产业链都面临着激烈的竞争，主要体现在产能过剩、价格竞争激烈、技术门槛提高、利润空间被压缩等方面。尽管中国光伏依然在全球市场占据领先地位，中国光伏产能占据了全球光伏产能80%以上的份额，但随着市场竞争加剧，企业在各个环节上都面临巨大的压力。既然国内的竞争这么惨烈，那是否可以转移战场移步海外呢？

过去几年，中国、美国、日本、德国、印度、澳大利亚和西班牙是全球光伏装机量的前七名，占据了全球装机量一半以上的比重。而光伏发电前景较好的地区，除了上述国家外，还有巴西、智利、沙特、意大利、加拿大、南非等国家。目前世界各国都在倡导绿色能源发展，针对光伏安装的补贴政策也越来越多。

基于目前全球光伏产业态势，如果到海外拓展市场，光伏企业应该如何选择国别呢？

（1）选择年平均日照时间多、太阳能资源丰富、适合大规模光伏发电的国家，如沙特、阿联酋、埃及、智利、澳大利亚、南非、印度、墨西哥等（权重40%）；

（2）选择能源需求快速增长、缺电严重的国家，如印度、巴西、菲律宾、南非、尼日利亚等新兴市场（权重40%）；

（3）选择政策支持与激励措施好的国家，如德国、西班牙、意大利、印度等（权重20%）。

除了上述选择因素外，电价特别高的国家，或对传统化石能源依赖度高的国家，或土地资源丰富的国家，也都特别适合建设光伏电站。当然，企业还需要结合自身情况进行合理选择，以上建议仅供参考。

由以上空气能热泵和光伏两个行业的案例来看，中国企业到海外发展时，应结合行业特性，优先选择市场需求旺盛、资源条件适配的国家，如光伏产业适合太阳能资源丰富的国家，空气能热泵产业则应关注能源结构转型需求强的市场；同时，选择对外资政策友好、支持可再生能源发展的国家，确保享受税收优惠和补贴等激励政策；最后，考虑当地劳动力成本、基础设施和供应链成熟度，选择经济稳定、运营环境良好的国家，以保障项目的长期可持续发展。

三、从风险角度规避部分国别

前文是从资产投入和行业特性角度来阐述哪些国家是适合去投资的。下面，我们从另一个角度来分析哪些国家是不适合去投资的。

1. 政治稳定性与法律环境差

政治稳定性与法律环境是选择目标国家时应重点考虑的关键因素之一。一些国家政治局势动荡不安，政策频繁变动，可能导致投资者的利益受损。

例如，某些非洲和中东地区的国家，由于历史遗留问题、宗教冲突和民族矛盾等原因，政治风险较高。在这样的国家投资建厂，可能会面临政策不稳定、法律不健全等问题，给企业发展带来严重挑战。

2. 经济结构与货币风险大

企业应避免选择那些经济严重依赖单一资源的国家，这类国家易受全球经济波动的影响。企业应选择那些经济多样化、增长潜力大的国家。

高通货膨胀率和不稳定的汇率会增加企业的经营成本和资本损失风险。因此，企业应避免选择那些通胀率过高或汇率极不稳定的国家，确保自身资金的安全。

3. 政策不确定性大

一些国家针对外资的政策时常变动，甚至可能出现征收高额关税或限制外资企业退出的情况。因此，企业应关注目标国家的投资环境和对外资的开放程度，规避那些政策随时变动的市场。

另外，行政效率低下或腐败严重的国家可能导致企业在当地的运营与发展困难重重，增加企业的管理成本和运营风险。

4. 对外资政策不友好

如果目标国家针对前往投资的企业实施歧视性法规或准入限制措施，特别是在敏感行业，这将大幅提升企业的合规风险。另外，如果目标国家对前往投资的企业不信任或持有敌意，可能影响企业的品牌形象，使企业难以获得市场和合作伙伴的信任。

中国出口信用保险公司在 2022 年和 2023 年都发布过国家风险分析报告，我们从中摘录了当前一些出海热门国家的数据（见表 5-2）。具体国家的风险识别需要结合更细致的场景，以下内容仅供参考，不能直接作为投资依据。

表 5-2　中国企业出海目标国家（部分）的风险水平

国家	国家风险水平				主权信用风险水平			
	2022 年		2023 年		2022 年		2023 年	
	当年	未来展望	当年	未来展望	当年	未来展望	当年	未来展望
尼日利亚	较高	稳定	较高	稳定	中等偏高	负面	中等偏高	负面
俄罗斯	中等偏高	稳定	中等偏高	负面	中等偏低	负面	中等偏低	负面

（续表）

国家	国家风险水平				主权信用风险水平			
	2022 年		2023 年		2022 年		2023 年	
	当年	未来展望	当年	未来展望	当年	未来展望	当年	未来展望
印度	中等	负面	中等	正面	中等	稳定	中等	稳定
埃及	中等	稳定			中等偏高	稳定		
南非	中等偏低	负面	中等偏低	负面	中等	负面	中等	稳定
印度尼西亚	中等偏低	稳定	中等偏低	稳定	中等偏低	稳定	中等偏低	负面
墨西哥	中等偏低	稳定			中等偏低	稳定		
韩国	较低	稳定	较低	稳定	很低	负面	很低	负面
日本	较低	稳定			较低	负面		
泰国	较低	负面			中等偏低	稳定		
美国	很低	稳定			很低	稳定		
澳大利亚	很低	负面			很低	稳定		
加拿大	很低	负面			很低	稳定		
法国	很低	稳定			很低	负面		
德国	最低	稳定			最低	稳定		
新加坡	最低	稳定			最低	稳定		
阿联酋			较低	稳定			较低	稳定
沙特			很低	稳定			较低	正面

数据来源：中国出口信用保险公司。

通过综合考虑以上因素，企业可以更有效地规避在海外发展过程中可能遇到的"坑"，确保在海外市场的成功与可持续发展。

第三节　国别选择的路径和节奏

一、先做容易的亚非拉市场还是更难的欧美市场

在选择国别之前，企业可以先选择大洲，把大方向确定下来，再来确定具体的国别。

我们收集了六大洲在 2019—2023 年的 GDP 增速数据，方便大家通过对比来分析从哪个大洲切入更合适，具体如表 5-3 所示。

表 5-3　全球各大洲 2019—2023 年的宏观经济发展情况

GDP 变化情况	2023 年 GDP 增长率	2022 年 GDP 增长率	2021 年 GDP 增长率	2020 年 GDP 增长率	2019 年 GDP 增长率
亚洲	4.7%	4.3%	6.5%	−1.3%	5.4%
欧洲	0.9%	2.8%	5.3%	−6.4%	1.6%
北美洲	2.0%	2.1%	5.7%	−4.1%	2.3%
南美洲	2.4%	3.7%	6.3%	−6.9%	0.6%
非洲	3.3%	3.9%	4.5%	−2.1%	3.4%
大洋洲	3.1%	3.6%	4.6%	−3.4%	2.6%

数据来源：世界银行、IMF、经济合作与发展组织等公开发表的数据。

通过表 5-3 可以看出，亚洲和非洲的 GDP 增长速度很快，欧美 GDP 增速放缓。那其他方面的对比呢？

亚非拉地区的市场通常对外资的限制较少，政策相对宽松，政府大多鼓励外国企业投资。而且中国与这些地区的外交关系通常较好，在基础设施建造、制造、消费品等领域合作较为紧密。这些市场的经济发展迅速，尤其是基础设施建造、制造、消费品等行业，市场需求旺盛，且竞争相对较少，中国企业可以迅速占领市场。亚非拉国家的运营成本（如劳动力、土地等）相对较低，适

合中小企业或资金有限的企业进行前期尝试。

欧美及日韩澳地区的市场相对成熟且竞争激烈，政策、法规严格，尤其在技术、环保和数据保护等方面要求较高，企业必须具备足够的合规资源。欧美消费者对品牌形象、企业文化要求较高，中国企业进入当地市场后需要用较长的时间塑造品牌，还需适应当地的文化与法律环境。

通过以上对比可以发现，两者之间的市场特点和约束条件差别较大，企业结合自身情况应该比较容易找到适合拓展的市场。

例如，**海尔采取"先难后易"的策略，优先进入技术要求高、竞争激烈的发达市场，如美国和欧洲等，这一策略使海尔积累了丰富的海外市场拓展经验，帮助其在后续进入其他市场时更为顺利；而 TCL 则选择了"先易后难"的路径，首先进入发展中国家市场，积累了足够的经验和资源后再向发达国家扩展，这种策略使 TCL 能够在相对低风险的环境中了解和适应国际市场。**

我们再来看看华为是怎么做的。在出海之初，关于这个问题华为没有过多纠结，毕竟 1996 年的华为还是一家中等规模的公司，在国际上的影响力非常有限，产品力也不是特别过硬。因此，**华为的出海之旅仍然沿用其在国内市场所采用的"先易后难"策略。华为凭借优质的服务和物美价廉的产品首先进入发展中国家市场，这些新兴市场电话普及率低、进入门槛低、对价格更敏感，同时也是西方大公司忽略的市场。通过在亚非拉市场持续耕耘十年以上，直到 2009 年华为才算真正全面进入欧美市场。**

在选择目标市场时，企业应根据行业特点、市场潜力、政策环境和文化适应性等多方面因素进行综合评估。对于初次出海的企业，通常建议从相对容易的市场开始，以积累经验和资源，再逐步向更复杂的市场扩展；而有足够的资金实力、产品力或品牌影响力的企业，也可以直接从欧美市场入手。

二、先突破重点市场还是"广撒网，多敛鱼"

很多读者看到这个问题时，肯定是选择前者。而事实上，我们服务过的很多企业在初次出海都是选择后者。

我们为三家大型企业辅导过出海战略，它们出海都超过 20 年了，在海外的业务也都覆盖了几十个国家，我以为它们的海外业务应该都开展得很好了。但当梳理完它们近十年的海外业绩数据，才发现是"零星的国家，零星的市场，零星的订单"。它们在大部分国家都是"三年不开张，开张吃三年"，业绩非常不稳定，"过大年"（指业绩好的年份）和"过小年"（指业绩不好的年份）交替现象明显，基本上就是碰运气式的机会主义。

因此，我再次呼吁出海企业要拒绝机会主义，优先选择两三个重点市场去突破。为什么这么推荐呢？

前期优先选择两三个战略重点市场（如经济规模大、市场需求旺盛的国家），可以让企业有效地集中人力、资金和运营资源，有助于企业更好地适应当地市场，快速形成竞争力。某些战略重点国家，在局部区域也是"中心国"。比如说到东南亚，大家首先想到的就是新加坡或印度尼西亚，它们就是东南亚的"中心国"。

全球各个区域的"中心国"可以理解为在该区域具有战略重要性、资源汇聚能力或市场流量的国家。这些国家虽然在国土面积、人口或 GDP 上并不总是占据主导地位，但它们对整个区域的经济、政治或物流等方面有极大的影响。一旦抢占"中心国"这个战略高地，再拓展整个区域市场就会容易很多。下面是部分区域内我们推荐的"中心国"，具体如表 5-4 所示。

表 5-4 不同区域的"中心国"

主要区域	推荐区域内的中心国
东南亚	新加坡、印度尼西亚
南亚	印度
中东	阿联酋、沙特
非洲	南非、肯尼亚、尼日利亚
拉丁美洲	巴西、墨西哥
北美洲	美国、加拿大
西欧	德国、英国、法国
东欧	俄罗斯、波兰
大洋洲	澳大利亚、新西兰

通过在"中心国"的关键市场打造成功案例，企业可以提高品牌影响力，并为进一步拓展其他市场打下坚实基础。例如，在东南亚或非洲市场取得成功后，可以复制成功经验，快速扩展到其他国家的市场。

而"广撒网"的策略面临着较大的不确定性，尤其是在政策、文化和市场差异显著的不同国家，可能导致投入产出不匹配，企业也难以有效调整策略。相反，聚焦突破的策略能够有效规避高风险国家，并让企业从成功市场中获取经验。

因此，前期选择两三个重点市场进行深入布局，更有助于出海企业的稳健发展。华为在海外的拓展历程也是这样的。

1996 年，华为正式出海，开始布局俄罗斯市场。当年他们的业绩为 0，1997 年业绩还是 0，1998 年实现突破——销售了一个 38 美元的电源模块。但他们不放弃不气馁，终于在 2001 年销售订单突破 1 亿美元；2003 年，销售订单超过 3 亿美元，占当年华为海外销售总额的 1/3；到 2011 年，销售订单突破 16 亿美元，俄罗斯成为华为在海外的一个"大粮仓"。

当打开俄罗斯市场之后，华为又顺势进入了周边各个国家的市场，实现了从点到面的突破。

华为在非洲市场的发展历程也差不多。1998 年，任正非第一次来到非洲，就敏感地意识到这是一个潜力巨大的通信市场，而尼日利亚更是一个"钻石矿"，因为这里的 ARPU 值（Average Revenue Per User，每用户平均收入）很高，企业很可能在此迎来"大丰收"，所以华为在非洲的第一个重点发力区域就是尼日利亚。经过六年的拓展，到 2004 年华为在尼日利亚的销售收入就超过了 3 亿美元。尼日利亚市场的成功，也带动了华为在整个西非市场如加纳、科特迪瓦、喀麦隆等国家的顺利拓展，这就是突破"中心国"所产生的良好效应。

三、先做国内同行已经耕耘成熟的国家还是错位竞争去新的国家

选择国内同行已经耕耘成熟的国家，优势是市场已经比较成熟，市场基础设施也相对完善，客户对此行业的中国产品是有感知的，行业规则和市场需求已经较为清晰，风险可控，国内同行的成功经验可以为后续进入的企业提供参考和学习的机会，企业可以快速融入市场，减少前期试错成本。不过进入已经成熟的市场，往往意味着需要面对来自国内同行和国际企业的强劲竞争，企业必须具有强大的差异化战略优势才能突出重围。

选择新兴国家进行错位竞争，意味着选择国内同行尚未深耕或开发的新市场，企业可能拥有更多的市场先发优势。企业在这些市场中的竞争压力较小，能够快速占领市场，并建立早期品牌认知。然而，新兴市场的规则不完善，政策风险较大，且市场需求不确定性高。企业可能需要投入更多资源进行市场培育，同时面临更高的市场风险和运营挑战。

根据辅导多家企业的经验，我们做了成熟市场和新兴市场的对比分析，具

体如表 5-5 所示。

表 5-5　成熟市场与新兴市场的对比

对比要素	成熟市场拓展分析	新兴市场拓展分析
1. 市场成熟度	市场已相对成熟	市场仍在发展
2. 客户认知度	客户对中国产品认知度较高	客户对中国产品认知度较低
3. 行业规则	规则较为清晰	规则不完善，尚在发展中
4. 市场基础设施	设施完善	设施有限或在开发中
5. 竞争压力	竞争压力较大，主要来自欧美企业、国内同行和本土企业	初期竞争压力较小
6. 差异化要求	非常必要	早期要求不高
7. 市场开发成本	开发成本较低，因为市场已经比较成熟	开发成本较高，因为市场需要培育
8. 潜在回报	因竞争激烈，潜在回报较低	因市场机会大，潜在回报较高
9. 政策稳定性	比较稳定	可能不稳定
10. 综合风险水平	中等	较高

从以上对比分析结果来看，**如果企业的规模不大、综合实力不强，且是初次出海，我们都推荐紧随国内头部企业的步伐，全面"照抄"对方的出海模式，以少踩坑和少交学费为原则，实现低风险、低成本出海。**

如果企业的综合实力很强，有自己的核心竞争力，则建议选择新的国家进行错位竞争，开拓新的市场。待在新市场积累足够的市场能力、品牌影响力和管理能力之后，再"杀"回到成熟国家市场。这样可以利用自己的核心竞争力快速突破新市场，快节奏地实现出海战略目标。

华为在出海初期，并没有首先选择欧美这样的成熟通信市场。因为当时华为的产品力、品牌影响力和资金实力等都不允许他们与西方通信企业直接进行正面竞争，因此他们选择了通信覆盖率低、价格敏感度高的亚非拉市场，也就是选择新兴市场进行错位竞争。事实证明，华为当时的选择是正确的。

综合来看，并没有一个绝对正确的答案适用于所有企业。企业需要根据自身的资源、能力、产品特点以及战略目标来综合考虑开发新市场的顺序。如果企业资源有限、追求稳健发展，那么进入国内同行已耕耘成熟的国家可能是一个更保险的选择；如果企业具有较强的竞争力、充足的资源以及差异化的产品或服务，那么选择新的国家进行错位竞争可能会有更大的发展空间。

根据我们对上百家中国出海企业的调查结果来看，主要有如下四种国别选择路径：45% 的企业选择"单个中心国向周边国家扩散"模式，23% 的企业选择"发展中国家向发达国家突围"模式，20% 的企业选择"发达国家向发展中国家扩散"模式，12% 的企业选择"按照与中国的距离由近及远"模式，具体如图 5-2 所示。每家企业都需要根据自身情况定制设计出海路径，不能完全照搬别人的路径。

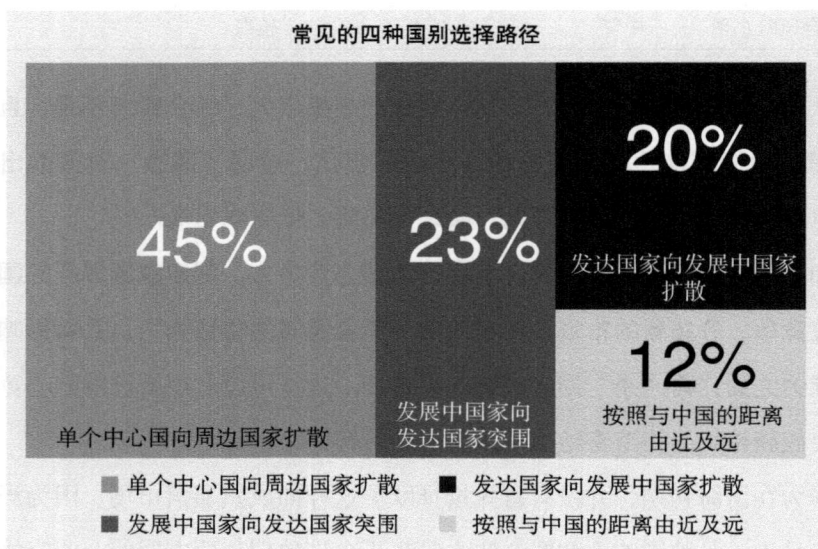

图 5-2　常见的四种国别选择路径

小结

在哪里打响"桥头堡战役"是一个关键选择

国别选择是企业全球战略布局的关键一步。从宏观战略角度出发，企业不能忽视国际关系的复杂性，但也不应被其束缚。在筛选出海国家时，应将其视为构建全球化战略版图的核心元素。不同国家在全球经济中的角色与地位各异，有的国家可作为企业进入区域市场的"桥头堡"，有的则可能是企业获取高端技术与创新资源的重要阵地。

企业要以长远眼光看待国别选择，不能仅因短期市场波动而随意更改目标国家，而是要基于全球产业趋势，锁定那些具有可持续发展潜力的国家。例如，着眼于新兴国家市场的崛起机遇，或是深度挖掘发达国家的成熟市场价值。

总之，企业在出海过程中，对国别的选择要上升到战略高度。通过精准把握不同国家的特质与机遇，在全球市场中稳步推进，最终实现全球化战略的宏伟蓝图。

第六章

销售模式：

切忌经验主义，找到适合当下的销售策略、路径和节奏

中国企业在出海过程中，选择合适的销售模式至关重要，因为不同的销售模式所带来的投入、成本和市场影响存在显著差异。

不同的销售模式，如直销、分销、电商、代理模式等，涉及的投入和成本完全不同。例如，选择直销模式，企业就需要在当地招募销售团队、设立分公司，前期投入较大，但可直接控制市场；而选择分销或代理模式，企业则可以通过合作伙伴快速进入市场，初期投入较少，但需支付给分销商佣金，利润空间较小。因此，选择合适的销售模式可以有效控制投入和运营成本，避免不必要的支出。

每个市场的消费者行为和购买渠道不同，企业需要选择适应当地需求的销售模式。例如，在成熟市场，消费者可能习惯通过零售店或线上渠道购买产品；而在新兴市场，分销商或本地代理商可能更为有效。选择符合目标市场需求的销售模式，可以帮助企业缩短市场开拓周期，更快融入当地市场，并提升竞争力和品牌知名度，确保企业在海外市场中实现长期稳健的发展。

第一节　海外销售的问题与挑战

一、初次出海企业拓展的问题与挑战

相比早期出海企业面临的挑战，如"见不到客户""产品信任度低"等，如今的出海条件要比当时好太多了。现在已经进入数字化时代，相关信息都公开透明，客户是谁、客户在哪里、客户是什么情况等，这些信息都比较容易获取。

从我们的辅导经验来看，企业出海初期在市场拓展上遇到的问题主要有以下几个。

1. 本地渠道建设困难，有实力的渠道商不愿意合作

最开始，我们也认为在海外找到可以合作的渠道伙伴应该不难。在出海发展之前，很多企业已经通过外贸或跨境电商等方式做了多年海外的生意，早就在全球各地建立了庞大的渠道网络。那么，企业出海后把这些在国内联络的渠道充分利用起来不就可以了吗？

事实并非如此。

当真正到了海外才发现，之前与我们合作的渠道商，跟那些国际巨头、国内同行和本地对手也都在合作，我们只是他们的客户之一。同时，之前合作的渠道商在当地实力一般，真正有实力的渠道商一直都有稳定的合作方，我们根本插不进手去。

例如，华为在早期海外拓展时，发现很多国家优质的渠道商都是跟美国思科独家合作，即使华为开出各种丰厚的合作条件都未能打动他们，哪怕只是让他们附带销售都比较困难。关于这一点的难度，绝大多数中国企业在没有出海

前是不会意识到的。

不同市场的销售体系各不相同，特别是 B2B 和 B2C 领域的差异尤为明显。企业需要与本地分销商、零售商等建立合作关系，但由于缺乏本地资源和合作经验，初期很难打入核心销售网络。此外，如何选择合适的线上销售平台也是一大难题，尤其在跨境电商竞争激烈的情况下，能否通过主流渠道商去高效地触达消费者成为企业拓展成败的关键。

2. 品牌认知度低，推广成本很高

当中国企业在海外发展时，由于品牌认知度低会遇到诸多棘手的问题。

在市场竞争方面，消费者往往优先选择他们熟悉的本土品牌或者国际知名品牌。中国企业的产品即便质量优良、价格合理，也可能被他们所忽视。例如，消费者在超市货架前面对众多选择时，可能直接略过他们不熟悉的中国品牌的商品，这导致商品的上架销售效果远低于预期。

在销售渠道拓展方面，分销商或代理商对品牌认知度低的中国企业缺乏信心。他们可能不愿意投入过多资源去推广这些品牌的产品，在谈判合作条件时也会更加苛刻，比如要求更高的返利或者更长的账期，这也增加了企业的运营成本和销售难度。

在消费者信任方面，较低的品牌认知度意味着消费者对产品的质量、安全性等方面存在疑虑。比如在汽车领域，消费者可能担心新品牌的汽车在售后维修、零部件供应等方面存在问题，从而放弃购买，这严重限制了企业产品的市场接受度。

在营销推广方面，企业需要投入大量的资金和时间去建立品牌形象，原本可以用于产品研发等方面的资源不得不向营销倾斜。而且由于缺乏品牌基础，营销效果往往也不尽如人意。这不仅影响企业的短期效益，还会对长期发展的

资源规划造成冲击，使企业在海外发展的道路上举步维艰。

3. 产品本土适应性差，对产品定制化和售后服务要求高

不同国家的客户偏好各异，比如欧洲市场注重产品的环保与个性化设计，亚洲部分市场则更看重性价比与多功能性。因对当地市场了解有限，很多产品可能无法直接满足当地客户的需求。这导致企业需不断调整产品设计，根据客户的特定需求进行定制化生产。这不仅增加了研发设计的复杂性、拉长了研发周期，还可能打乱生产节奏，影响整体运营效率。

另外，由于对本地市场的适应性不足，有些产品可能在性能方面未能达到预期的稳定性，尤其是在面对不同气候、法律法规和技术标准时。例如，某些中国制造的家电或电子设备在欧美市场使用时，因电压或气候条件不同而出现故障。此类问题导致企业需要投入大量资源进行售后服务，尤其是在出现产品质量问题后，售后团队必须快速响应并解决问题，以此来维持客户满意度。

2004 年，华为拿到了南非电信运营商 Telkom 的某产品实验合同。因为这个产品已经在全球销售超过 10 万台了，属于非常成熟的产品，因此大家都对测试充满信心，认为就是去走走过场，一周时间应该就能完成所有测试。

然而，在第一关盐雾测试（该测试模拟海洋环境中的盐雾，对金属外壳或元器件进行耐腐蚀测试，通过加速腐蚀过程来评估材料的抗锈性能）我们就"翻车"了。经过 72 小时的高强度盐雾测试，我们引以为豪的电路板锈迹斑斑，惨不忍睹。我当时还跟客户争执，说这样的测试太严格了，对我们不公平。当天下午，客户就带我们去看了他们户外的机房——马路边的一个铁皮柜。打开柜门的那一刻我们都震惊了：只见机柜里面全都是蜘蛛网，目测至少一年没有打开过了，但里面的通信设备运行良好，各个指示灯都显示正常工作状态，设备没有任何生锈现象。那一刻，我们理解客户了。客户的使用场景是

真实的，而且竞争对手的设备做到了，是我们自己的问题，我们自己回去解决。类似这样的案例数不胜数，如果产品没有本土适应能力，企业面临的挑战会非常大。

二、出海成熟期企业拓展的问题与挑战

出海成熟期企业面临的主要问题和挑战在于战略与体系的不足。有些企业在进行全球化布局后，常陷入短期利益驱动，未能制定长期可持续的经营策略。首先，企业缺乏强有力的组织能力和体系化运营能力，导致难以控制市场波动，无法建立稳定的竞争壁垒；其次，企业在市场拓展时多依赖于价格优势，而忽视了构建品牌价值和深耕客户关系，从而削弱了企业的长期竞争力与盈利能力。面对复杂多变的国际市场，这类企业若不能进行系统性改革和自我提升，将难以推动其国际化战略的顺利实施。

1. 不能实现滚动经营，难以控制市场波动

首先，我们来看一家江苏的制造型企业在过去七年的海外业绩，具体如表6-1所示。

表 6-1　江苏某企业在过去七年的海外业绩

国家	新签合同金额（万元）							
	2017	2018	2019	2020	2021	2022	2023	合计
沙特	31 780	20 317	546 899	140 968	117 375	26 398	10 064	893 801
巴西		1740	9422	22 689	10 778	4367		48 996
墨西哥				55 390				55 390
尼日利亚		200 850	435 588	242 891	612	104		880 045
巴基斯坦	56 638	16 427	6307	7564	22 759	23 972	16 375	150 042

（续表）

国家	新签合同金额（万元）							
	2017	2018	2019	2020	2021	2022	2023	合计
印度尼西亚				430	10 015	5855	3300	**19 600**
阿塞拜疆					12 303	33 994	31 124	**77 421**
南非	25 149	33 400	28 906	44 538	31 709	4768		**168 470**
小计	113 567	272 734	1 027 122	514 470	205 551	99 458	60 863	**2 293 765**

注：数据经过加工处理。

通过表 6-1 可以看出，这家企业的海外业务发展很不稳定。2019 年是其业绩最好的一年，当年的销售收入超过 100 亿元，但之后开始逐年下滑：2020年锐减 50%，略超 50 亿元；2021 年再次下滑 60%，只有 20 亿元；2022 年也没有止住下滑趋势，业绩又缩水一半；到 2023 年，则明显让人感觉已经是强弩之末。

从国别角度来看，沙特和尼日利亚市场是其海外主战场，南非和巴基斯坦市场也有过亮眼的表现，其他国家的市场都业绩一般。即使沙特和尼日利亚市场的总体业绩不错，但是除了 2019 年外其他年份的表现也不尽如人意。

在重点国家或选定的国家不能实现滚动经营，这是目前出海五年以上的成熟出海企业的普遍现象，发展的可持续性令人担忧。

下面，我们再来看看华为在出海成熟期的业绩表现如何，具体如表 6-2所示。

表 6-2 华为出海成熟期的业绩表现

年份	销售收入（亿元）	海外业务占比
2016 年	5200	54%
2015 年	3900	59%
2014 年	2900	62%

（续表）

年份	销售收入（亿元）	海外业务占比
2013 年	2400	65%
2012 年	2200	66%
2011 年	2000	68%
2010 年	1800	67%
2005 年	480	58%

通过表 6-2 可以看出，华为的总收入和海外收入都保持了匀速增长，经营结果大多能达到预期，成功实现了滚动经营。特别是海外业务比重一直稳定在 60% 左右，为公司的发展壮大做出了巨大贡献。

2. 没有构建销售组织能力，过于依赖关键个人

很多企业刚到海外发展时，依靠某些人才的个人能力就可以取得市场的突破。但是随着企业海外业务规模的扩大，再靠个人英雄主义就行不通了，这时就需要构建销售组织能力。相比而言，**组织比个人更有力量，组织是有逻辑、有规则、有势能的，让大家朝着一个方向奋斗，组织要有纪律、有秩序，又要确保个人有一定自由。**

"过于依赖关键个人"这种现象在很多出海成熟企业都存在，出现这种情况的主要原因有以下几点。

（1）**早期成功路径依赖**：在企业海外发展初期，个别员工凭借其优秀的能力、洞察力及拼搏精神实现了市场突破。这种成功形成了一种路径依赖，企业习惯聚焦于这些关键个人的作用，而忽视了构建全面的销售组织能力。

（2）**缺乏系统性组织能力**：销售组织能力包括制定清晰的战略、设立有效的流程、打造标准化的运营模式和团队协作。很多企业在海外拓展过程中没能及时建立这种系统性能力，依旧依赖个人的经验和直觉，导致整个销售体系不

稳定，难以持续增长。

（3）**人才培养与储备不足**：很多企业没有建立起有效的人才培养机制，不能为组织持续输送具备销售能力和市场开拓能力的人才。当业务扩大时，没有足够的储备人才可供调用，只能依赖少数已展现出能力的关键个人。

在海外没有构建销售组织能力，对企业的伤害是什么呢？

（1）**业务连续性风险**：如果关键个人出现变动，如离职、生病等，业务衔接容易出现问题。由于没有组织层面的能力支撑，可能导致客户流失、市场份额下降等，使企业业务发展的连续性受到严重威胁。

（2）**限制业务拓展**：关键个人的表现再突出，其精力和能力也是有限的。仅依赖关键个人，在开拓新市场、新客户群体以及推广新产品时，就无法像有组织能力的团队那样高效地覆盖和渗透，从而限制了企业在海外的业务拓展空间。

（3）**组织管理失控**：没有纪律、秩序的销售团队容易陷入混乱，企业无法有效监督销售业绩，也难以进行合理的激励和评估，导致员工士气和业绩波动较大。

可见，企业在海外发展过程中面临的"过于依赖关键个人"的问题对组织的伤害极大，不仅影响了市场拓展的效率，也制约了企业的长期发展。

3. 没有完备的销售体系，主要靠价格战支撑

企业到海外发展，如果没有完备的销售体系，没有系统化的销售策略和销售模式，那么大多数情况下就只能以"价格战"来应对市场变化，价格一降再降，导致企业在海外的业务越来越被动。出现这种情况的原因是什么呢？

（1）**初期依赖速度而非体系**：在出海初期，很多企业为了抢占市场，往往采用快速扩张的策略，优先考虑短期业绩，而不是建立长期的销售体系。在这

种模式下，企业可能依赖员工的个人能力来推动销售，缺乏系统化的销售策略。虽然这种做法在早期可以帮助企业打开市场，但市场规模扩大后，它已不足以支撑企业的可持续发展。

（2）**低估了市场复杂性**：不同国家和地区的市场，其文化、法律、消费者需求等也各有不同，这就要求出海企业必须打造本地化的销售模式和管理体系。然而，很多企业往往因为低估了当地市场的复杂性，不够重视本地化建设，导致其销售团队和销售策略无法有效应对市场变化，从而陷入被动应战的局面。

（3）**缺乏系统化的销售体系**：系统化的销售体系包括市场分析、客户关系管理、定价策略、竞争分析等多个环节。没有完备的销售体系和管理体系，意味着企业无法系统地分析竞争对手、客户需求和市场动态，缺乏有力的销售规划和预案，只能在面临竞争压力时采取"价格战"这种短期且简单的应对方式。

华为在海外拓展初期，确实通过价格优势取得一些局部市场的突破。但是一旦在某个市场站稳脚跟之后，其就不再以低价作为主要的销售策略，而是以价值销售为主导，通过提供优质的服务来打动客户，就此摆脱价格战的困扰，以免客户给华为扣上一个"低价"的帽子。因为长期采用低价策略对企业的伤害极大，具体表现如下。

（1）**品牌价值受损**：长期依赖价格战的企业，容易被市场和客户贴上"低价"的标签，难以树立高端、可信赖的品牌形象。这种品牌损伤在海外市场尤其严重，因为建立品牌认知需要长时间的积累，而一旦被打上"低价"的标签，企业很难在未来转型为高价值品牌。

（2）**失去市场份额**：价格战会在短期内吸引客户，但却无法建立客户忠诚度。一旦竞争对手推出更具吸引力的产品和服务，客户群体就会迅速转向它们。企业会因价格一降再降，逐渐丧失利润支撑，最终失去市场份额。

（3）**长期发展受限**：依赖价格战的企业往往缺乏足够的资金进行技术创新、产品升级和品牌建设，导致企业在海外市场的长期竞争力受限。没有完备的销售体系的支持，企业难以突破低端竞争的困境，最终陷入恶性循环。

企业在出海初期，采用各种方式灵活应对市场竞争是合理的。但随着业务规模的扩大和市场的成熟，打造系统化的销售体系至关重要。缺乏这些体系，企业只能依赖价格战来应对市场竞争，最终导致盈利能力下降、品牌价值受损，长远来看对企业的全球化发展极为不利。

第二节　ToB 企业出海销售模式探索

一、什么样的企业适合直销

对很多 ToB 企业而言，直销是它们钟爱的销售模式，因为在国内市场，产品技术、客户关系、商务定价、合同条款等都是掌控在企业自己手上的，一切都是可控的。在它们看来，国内市场这么复杂、竞争这么激烈，企业都能全部自己搞定，到了海外更不在话下。其实不然，在我们看来，并不是所有企业都适合做直销。如果自身实力不是特别强劲，我们反而不推荐选择硬碰硬的直销模式。根据我们服务出海企业的经验，具备以下特质的 ToB 企业更适合直销模式。

1. 产品特性方面：有较强的客户依存度

如果企业的产品技术复杂且处于行业领先地位，往往需要企业直接与客户进行深入的技术交流，详细解释产品的功能、优势及如何与客户现有的业务流程和系统进行整合。通过直销，企业可以确保客户充分理解产品的价值，并且能够根据客户的特定需求提供定制化的解决方案。一些高端工业自动化设备制造、软件定制开发、定制化机械零件、高端服装设计等企业都是这类情况。

在海外发展中，直销模式使企业能够直接与客户沟通，从设计阶段开始就参与到客户的项目中，精准把握客户需求，提供完全符合客户期望的个性化产品。例如，杭州西子清洁能源装备制造股份有限公司的余热锅炉，产品工艺极其复杂，每个合同都需要定制，平均制造周期为 6 个月，客单价都在 3000 万元以上。目前，该公司在国内的余热锅炉领域处于领先地位，此产品就适合直销。

2. 企业自身能力方面：品牌影响力大，组织力过硬

当企业在全球范围内树立较高的知名度和美誉度后，这些企业的品牌本身就具有强大的吸引力，客户对其品牌有较高的认可度和信任度。在海外市场，这类企业就可以通过直销模式直接面向客户进行销售，利用品牌优势快速打开市场，吸引客户直接购买产品或服务。比如某些知名的汽车零部件供应商、电子元器件制造商等。

如果企业拥有一支经验丰富、专业素质高且具有国际业务能力的销售团队，像一些大型的医疗器械销售企业、国际工程服务企业等，这样的销售团队能够直接与海外客户建立有效的沟通，深入了解客户需求，挖掘潜在的业务机会，并且能够高效地处理客户的问题和反馈，为客户提供优质的服务。

3. 市场环境方面：客户决策链长，关系维系重要

当客户的决策链条较长且涉及多层次决策者时，直销模式有利于企业通过

建立深度的客户关系来影响其决策过程。这样的客户通常需要长期的沟通和信任构建，直销模式可以帮助企业在关系维护中占据优势。

另外，如果目标客户群体有限但客户单体价值高（如大型企业、政府机构或特定行业的大客户），直销模式更为有效。与有限数量的大客户建立直接联系，企业可以通过提供个性化服务和深入的客户关系管理来获得长期合作机会。例如，通信设备行业的准入门槛高，入网测试严格，入网测试平均周期都是一年以上，客户决策链很长，客单价动辄数千万美元，这样的行业就适合直销模式。

总结来说，适合采用直销模式的 ToB 企业往往产品技术复杂、目标客户集中、客户关系维护至关重要，且企业本身具备较高的品牌和技术优势。

二、为什么直销这么难

从上述内容可知，直销模式的要求是很高的，国内一半以上的 ToB 企业都不具备这些条件，那它们要不要坚持直销模式呢？我们先来看看大部分 ToB 企业针对新老客户在海外市场拓展过程中遇到的问题。

针对新客户：由于直销模式下缺乏中间渠道的支持，企业需从零开始建立客户信任，导致新客户久攻不下，新订单获取门槛高、周期长，且新客户贡献的收入占比较少，项目盈利情况不太乐观。

针对老客户：企业受制于产品竞争力，导致市场份额增长缓慢。老客户关系的维护过于依赖个人，难以形成企业资产，且产品同质化竞争加剧，导致利润率下降，长期盈利差。企业内部对老客户的管理有时也会惰怠或松懈，组织管理和激励机制不匹配，进一步限制了业务增长。

不管是新出海企业还是出海成熟企业，以上大部分问题都还在不断发生。

为什么会出现这样的问题？为什么直销模式不是最佳选择呢？

（1）**复杂的市场需求**：海外市场的需求和客户结构通常比国内市场更复杂，企业需要深度洞察市场、了解客户痛点。而在直销模式下，企业往往过于依赖员工个人与客户的关系，缺乏系统的市场洞察，容易对市场产生误判。

（2）**成本与效率的不平衡**：直销模式对企业资源投入的要求很高，很多时候都是长周期的高投入，这种投入可能不能马上见到效果，甚至最后都交了学费。同时，较高的客户获取成本削弱了企业的盈利能力。如果在海外持续几年不能盈利，企业是否还有耐心坚持下去？

（3）**客户维护难度大**：直销模式中的客户关系比较复杂，涉及高层客户关系、中层客户关系和基层客户关系，这些客户关系往往建立在个人联系的基础上，这种非系统性的维护方式增加了客户流失的风险，不利于企业业务的长期稳定性。

其实，华为在出海初期也不是完全照搬国内的直销模式。如前文所述，华为出海早期最大的困难是见不到客户，那怎么解决这个问题呢？他们就先寻找那些能见到客户的第三方资源，让其协助华为打通客户关系。所以，在出海的前十年，华为一直都和当地的渠道伙伴紧密合作。

ToB企业在海外市场不应过度依赖直销模式。直销虽然在初期能够帮助企业获得部分订单，但长期来看，直销模式效率低、风险大，不利于企业的可持续发展。通过混合销售、渠道合作以及数字化手段，企业可以更好地平衡成本与效率，适应不同市场的需求，提升自身的市场份额与盈利能力。

三、初次出海企业为什么推荐渠道销售模式

既然直销这么难，那有没有折中方案呢？答案是肯定的，那就是直销和渠

道销售并行的销售模式，具体如图 6-1 所示。

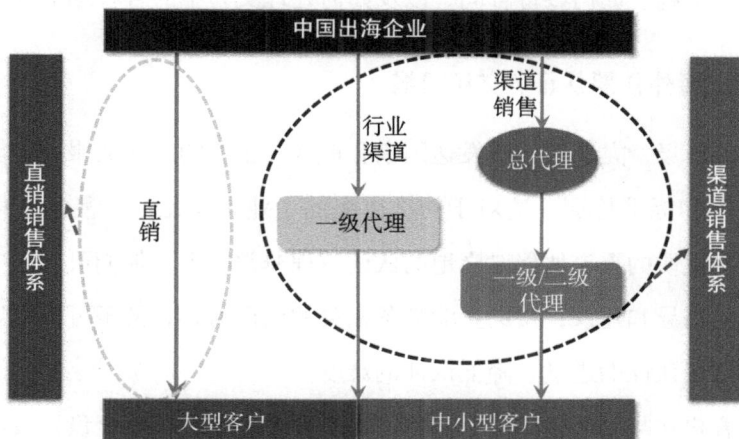

图 6-1　出海企业的销售模式设计

对于成熟出海企业，我们建议可以直销和渠道销售这两种销售模式并行发展；对于初次出海的 ToB 企业，我们推荐渠道销售模式，这种模式能给企业带来更好的市场开拓效果，具体表现如下。

1. 快速触达海外客户

首先，渠道伙伴长期在海外当地市场经营，对当地市场的行业动态、竞争对手情况、客户需求变化等信息有敏锐的洞察力。初次出海的 ToB 企业通过与渠道伙伴合作，可以迅速获取这些宝贵的市场信息，了解当地市场的发展趋势和热点领域，从而及时调整自己的产品或服务策略，以更好地满足市场需求。

其次，他们还可以为中国企业提供关于当地市场的法律法规、商业文化、消费习惯等方面的信息，帮助企业规避因文化差异和法律盲区而产生的经营风险，使企业能够更快地适应海外市场环境。

最后，他们熟悉当地的商业规则和交易习惯，知道如何与当地客户进行有效的沟通和谈判、如何签订合同，以及如何处理交易中的各种细节问题。

2. 降低海外初期认证 / 交易门槛

在海外市场，尤其是一些发达国家和地区，企业的产品或服务可能需要通过各种认证和标准检测，这对于初次出海的企业来说是一个复杂且耗时的过程。而一些优质的渠道伙伴对当地的认证流程非常熟悉，他们可以为中国企业提供专业的指导和建议，帮助企业准备相关的认证材料，甚至可以利用自己的渠道关系加快认证的进度、降低认证的难度。

海外客户在与新的供应商合作时往往会比较谨慎，可能会设置较高的交易门槛，比如要求供应商提供复杂的资质证明、高额的质保金或者进行多次样品测试等。渠道伙伴的介入可以在一定程度上改善这种情况。他们凭借自己在当地市场的信誉和口碑，可以为中国企业提供担保或者背书，让海外客户更容易接受中国企业的产品或服务，从而降低交易的门槛。

3. 降低交易风险

初次出海的中国企业在海外市场面临着诸多风险，如市场风险、信用风险、汇率风险等，与渠道伙伴合作可以在一定程度上分担这些风险。渠道伙伴基于对当地市场的了解和自身拥有的经验，可以帮助企业评估交易风险，制定风险防范措施。

海外市场复杂多变，存在着各种经营陷阱，如虚假客户、欺诈性合同、知识产权纠纷等。渠道伙伴凭借自己的市场经验和专业知识，可以帮助中国企业识别这些陷阱，避免企业因不熟悉当地市场而遭受损失。

在一些情况下，如果出现交易纠纷或者客户违约等问题，渠道伙伴可以凭借自己在当地的资源和影响力，协助企业解决问题，降低企业的损失。

除了可以带来上述利益外，渠道销售在运营成本和时间成本上也有其独特的优势，具体如表 6-3 所示。

表 6-3　直销模式与渠道销售模式的对比

比较项	直销模式	渠道销售模式
1. 是否发薪水	发	不发
2. 员工补充	招聘新员工	招募新代理
3. 员工解约	开除或离职	终止合同
4. 工作能力	任职资格认证	渠道认证
5. 员工管理	员工职级制度	渠道政策与管理
6. 培训赋能	销售培训	渠道培训
7. 销售目标	有	有
8. 销售激励	提成或奖金	渠道激励
9. 年终评奖	最佳销售	最佳代理
10. 员工评级	初级、中级、资深	银牌代理、金牌代理、钻石代理

因此，初次出海的中国 ToB 企业选择渠道销售模式，能够更高效地触达客户、降低进入或认证门槛，并分散交易风险。借助当地合作伙伴的资源和专业知识，企业可以更稳妥地进行海外拓展，避免不必要的试错成本，提高市场开发成功率。

我们曾辅导过山东某农业重型机械装备企业，他们的出海销售模式是如下这样设计的。

（1）空白市场国家：属于机会主义市场，没有必要投入自身资源，百分之百依靠当地渠道，能突破是好事，不能突破也没有太大损失。

（2）重点拓展国家：锁定了五个需要重点突破的国家，既向这五个国家外派了直销的销售团队，又外派了渠道管理团队，双管齐下，力争在最短的时间内突破这些重点市场。

（3）非重点拓展国家：同样也外派了直销团队和渠道团队，但以渠道销售为主。

该企业具体的销售模式设计如图 6-2 所示。

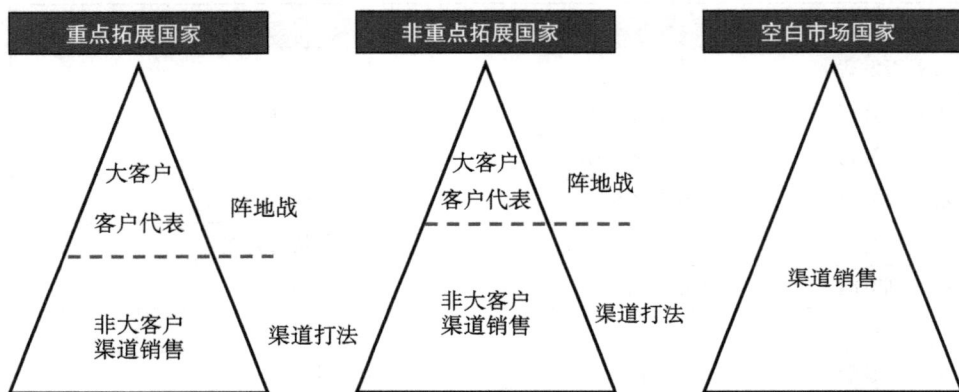

图 6-2　山东某农业重型机械装备企业海外销售模式设计

针对 ToB 企业出海，本书主要探讨的是销售模式，不涉及具体的销售策略和销售体系，如客户选择、市场切入、客户分类、客户关系管理、销售项目管理、竞争管理、销售运营、销售组织、销售激励等，这些内容将在以后的出海系列图书中详细讲解。

第三节　ToC 企业出海销售模式探索

一、ToC 企业的海外销售模式介绍

ToC 企业想把产品卖到海外去，能采取的销售模式要比 ToB 企业多。下

面，我们先来了解一下 ToC 企业的主要销售模式。

（1）**跨境电商模式**：企业依赖成熟的电商平台和物流服务（如亚马逊、eBay、AliExpress 等）将产品直接销售给海外消费者，企业不需要在当地设立实体店面。例如，Shein、Anker 等企业就是通过跨境电商平台迅速进入全球市场的。2022 年，我国跨境电商进出口规模首次突破 2 万亿元，并且近几年一直保持高速增长趋势。

（2）OEM（Original Equipment Manufacturer，**原始设备制造商**）**模式**：指一家公司根据另一家公司的要求，为其生产产品。品牌拥有者不直接生产产品，而是利用自己掌握的关键核心技术负责设计和开发新产品，控制销售渠道。对于生产企业来说，OEM 可以充分利用自身的生产能力，不需要在产品研发和市场开拓方面投入过多资源；对于品牌商而言，可以专注于品牌运营、市场推广和客户服务等环节，快速推出产品。例如，富士康按照苹果公司的设计和质量标准为其生产手机，富士康就是 OEM 厂商。

（3）ODM（Original Design Manufacturer，**原始设计制造商**）**模式**：指制造商除了具备生产能力外，还负责产品的设计与开发工作。品牌商选择 ODM 厂商的设计方案，然后要求 ODM 厂商按照其品牌要求进行生产。产品的知识产权可能归 ODM 厂商所有，也可能根据协议部分或全部归品牌商所有。ODM 厂商在产品设计方面具有较强的能力，可以提供多种设计方案供客户选择。比如，小熊电器既为其他品牌提供 ODM 服务，也有自己的品牌产品。

（4）OBM（Original Brand Manufacturer，**原始品牌制造商**）**模式**：指企业拥有自己的品牌，并负责产品的设计、生产和销售的全过程。在 OBM 模式下，企业不仅要具备生产和设计能力，还要有强大的品牌建设、市场推广和渠道管理能力。企业对产品的整个价值链有完全的控制权，可以根据市场反馈及时调整产品策略和品牌定位。比如，华为就是典型的 OBM 企业，它在通信设备、智能手机等领域拥有具有自主知识产权的产品，并通过自身的品牌影响力和全球销售网络进行产品销售。

（5）**渠道销售模式**：企业通过当地分销商、批发商、零售商或代理商等渠道合作伙伴的网络和资源，将产品销售给海外消费者，企业间接进入市场，通常用于快速扩大市场覆盖面。渠道合作伙伴有本地市场的深厚经验，可以帮助企业克服语言、文化、法规等障碍，缩短企业进入市场的时间。例如，传音手机与非洲当地的 2000 多家经销商合作，将产品铺货至非洲的各个零售店或电商平台。

（6）**被集成销售模式**：企业的产品被嵌入大品牌或总集成商的整体解决方案中，成为其他大品牌或系统解决方案的一部分，企业通过这些大品牌或总集成商销售产品或服务。企业能够依托知名品牌或总集成商的市场影响力和销售网络来快速提升销量，增加品牌曝光。例如，连云港日出东方的太阳能热水器通过总集成商卖给全球的洲际酒店。

（7）**独立站销售模式**：独立站是跨境电商企业的重要选择，企业通过自主建设并运营自有电商平台，直接向海外消费者销售产品，可以规避第三方平台的合规性风险、积累私域流量并提高品牌自主性。这种模式的品牌独立性强，企业可以掌握所有用户数据，以便开展精准营销，且不受第三方平台规则的限制。大部分大型跨境电商企业，尤其是 DTC（直接面向消费者）品牌，都会选择建立独立站来拓展海外市场。截至 2023 年，中国企业在海外建立的独立站数量已经超过 20 万个，预计到 2026 年中国独立站的数量将达到 50 万个。例如，湖南长沙安克创新科技在独立站上提供移动电源、充电器、数据线等产品，拥有全球 100 多个国家与地区的超过 1 亿的用户。

（8）**社交电商（Social Commerce）模式**：企业借助社交媒体平台（如 Instagram、Facebook、TikTok 等）来推广和销售产品，消费者可以通过社交分享或社交口碑传播做出购买决策。这种模式流量来源成本较低，用户互动性强，可以快速传播品牌信息和获取用户。例如，Shein、安克等企业就是利用社交媒体来广泛触达消费者的。

以上只是罗列了部分销售模式，实际运营的模式远不止这些。不同的销售模式各有特色，企业需要根据自身的产品特点、市场定位、资源和能力等因素，选择适合自己的出海销售模式，或者将多种模式结合使用，以实现更好的市场覆盖和销售效果。

二、ToC 产品的四种销售模式和出海路径

ToC 企业的出海方式有很多种，没有一个固定的路径，需要结合企业所处行业、所处发展阶段、目标国别等因素综合考虑。**出海路径和节奏只是过程，关键是能否以最快速度、最低成本突破目标市场**。为了实现低风险、低成本出海，有几种常见模式是需要重点考虑的。

1. OEM/ODM 模式：进入海外市场的敲门砖

深圳某汽车零配件企业，2023 年销售收入不到 10 亿元，人员近 1000 人，它所在行业的头部企业是一家德国公司，且销售收入规模超过 200 亿欧元。该企业的老板找到我，说这家德国公司主动联系自己，希望自己给他们做代工，而目前公司内部意见不统一，反对的声音大于赞成的声音。

反对的人认为目前公司在国内已经算非常优秀了，不需要给别人代工，以免拉低自己的品牌；赞同的人则认为给德国企业代工，有助于公司打入海外市场，同时提升制造能力和管理能力，相当于免费给公司请了一位导师。这位老板觉得双方都有一定的道理，因此非常纠结。我就问了一句话，代工有没有钱

赚？他说比自己在国内销售的毛利率还高 10%，那我说为什么不代工呢，既有钱赚，又有稳定的订单，还有免费的导师，这难道不是一笔好买卖吗，为什么要拒绝呢？于是，他们就开启了代工之路。

一些传统制造业的企业家认为代工是一件丢人的事情，我不这么认为，主要原因有以下三个。

第一，企业在早期出海时，通常具有劳动力成本低和制造能力强的优势。通过 OEM/ODM 模式，企业可以利用自身的成本优势，为国际品牌代工生产产品，从而进入全球产业链的生产环节，并获取一定的利润。

第二，通过代工，企业有机会接触到国际先进的生产技术和管理理念，学习和掌握国际品牌的生产工艺、质量控制和供应链管理等方面的经验，提升自身的生产能力和管理水平。

第三，企业为国际品牌代工，能够更好地了解国际市场的需求变化和发展趋势。同时，通过与国际品牌的合作，企业可以学习到国际市场的营销和推广策略，为日后自主品牌出海打下良好的基础。

华为手机现在的知名度和市场占有率都非常可观，但其最初的发展却没有那么顺利，也是从 OEM 模式开始积累能力的。

2005 年，华为通过在欧洲市场销售 3G 数据上网卡，实现了对欧洲头部运营商沃达丰、法国电信、德国电信等重要客户的突破。2006 年，华为在欧洲又找到了一门生意，即按照电信运营商的要求为他们生产"定制手机"，俗称"贴牌"。这些客户里最挑剔的当属沃达丰，他们不断向华为提出各种苛刻的要求，包括工艺、质量和易用性等方面，要求华为严格按照他们的技术规格书执行，不能有丝毫偏差。这些运营商卖给欧洲用户的手机虽然数量很多，但使用手机的消费者根本不知道背后还有一家公司叫华为。况且，这其中大部分手机都是低端机，对华为来说不仅没什么利润可言，而且这也不是华为想要的最终模式。

不过，代工生产给华为提供了学习和成长的机会，帮助华为提升了生产技术和管理水平，也帮助华为提升了品质把控能力，为华为手机的国际化发展奠定了坚实的基础。通过代工，华为了解了国际市场的需求和发展趋势，学习了国际先进的设计理念和品牌管理经验，这也为自主品牌的建设和推广提供了有力的帮助。如果没有那几年的积累，后续华为手机的 Mate 系列和 P 系列可能也不会那么成功。

在电脑行业曾经诞生过一个名词——"白牌"，即厂家设计并生产一款产品或相应的重要模块，而品牌方像点菜一样，只说需求，再把具体的模块整合后冠上自己的品牌。苹果公司在很多具体模块上，如电池模组，只提具体的规格需求，而电池设计、生产工艺是中方企业主导的。而飞利浦等很多小家电品牌，甚至直接从中国 ODM 厂家获取成品。这样的"白牌"模式，帮助大批中国代工厂提升了生产能力和管理能力。

因此，OEM/ODM 模式是中国企业出海初期一个非常合理的选择。这不仅使企业能够在不增加太多初期成本和风险的情况下进入国际市场，还为企业的长远发展和转型积累了必要的资源和经验。

2. 跨境电商 / 外贸模式：海外市场试水，为本地化运营奠定基础

通过全球和中国的跨境电商交易数据可以看出，这是一个庞大的市场，并且近几年还保持着稳定的增速。对于出海比较保守的企业，可以先期通过跨境电商或外贸模式试水，这是一种比较稳健的方式，也是我们所提倡的。通过前期试水，可以测试市场对产品的欢迎程度、产品的海外适应能力，并逐步建立当地的销售渠道和服务渠道等，为企业积累出海的能力。

同时，我们还需要判断跨境电商的发展趋势是什么，这种增速是不是会一

直保持下去。

从当下的情况来看，虽然跨境电商仍保持着较高的增速，但是也要看到全球跨境电商的格局变化：欧美成熟市场已经日趋饱和，增速放缓；而增量市场主要来自新兴市场，如东南亚、非洲和拉美地区等。

影响跨境电商发展的因素主要有哪些呢？

首先，贸易保护主义有抬头的趋势，很多国家设置了各种贸易壁垒，如加征关税、提高质检标准、加强产品版权保护等。这使得中国跨境电商在出口商品时面临更高的成本和更严格的审查。例如，美国、英国、墨西哥、巴西等国家以及欧盟等地区都对跨境商品加征关税或取消小额商品的免征增值税门槛。另外，许多国家的海关政策频繁变化，这也给跨境电商的发展带来不确定性。

其次，随着中国跨境电商的快速发展，其他国家的电商企业也在不断壮大，竞争日益激烈。例如，常年处于海外电商霸主地位的亚马逊感受到了来自中国跨境电商的"新威胁"，如 Shein、Temu 等平台；同时，中国跨境电商也感受到了海外电商平台带来的压力。

一些区域或国家的本地电商平台也在快速崛起，如东南亚的电商平台有新加坡的 Shopee、阿里集团的 Lazada、印度尼西亚的 Tokopedia 和 Bukalapak、越南的 Tiki 等。除了以上五个平台，东南亚还有其他一些有影响力的电商平台，如 Blibli、Sendo、Zalora、Qoo10 等。这些电商平台利用本地化优势迅速扩张，使得中国电商在东南亚市场面临的竞争加剧。东南亚消费者更倾向于选择这些能提供本地语言支持、快速物流及更贴合当地文化的本地平台。这些平台吸引了大量当地商家和小型企业，降低了跨境平台渗透市场的机会。此外，当地平台还能更灵活地应对东南亚国家间复杂的法律和税收问题，从而提高竞争门槛。这导致中国跨境电商在市场份额和成本控制方面面临更大的压力。

最后，跨境电商的发展高度依赖全球物流和供应链体系的稳定性。而现在全球物流网络的不确定性增加，运费上涨、运输时效性下降等问题成为中国跨境电商面临的一大挑战。此外，供应链断裂或延迟会直接影响客户体验和订单履行，进而影响企业声誉。

以上三个因素势必会在未来几年给跨境电商的发展带来极大的不确定性。那跨境电商企业要不要做本地化布局呢？

浙江圣雪休闲用品公司是一家成立于 2004 年的休闲产品制造企业。为应对外贸新形势，该公司决定从"产品出海"向"品牌出海"转变。他们在美国组建团队并设立子公司，聘请当地员工进行运营、推广和售后，以精准抓住当地用户的需求，并加大研发投入。其研发的高性能折叠桌椅、自动充气帐篷等产品在美国细分领域市场占有率很高，他们旗下的"Sunnyfeel"位列国内户外家具类出口品牌第一位、海外亚马逊同品类销售排名前三位。目前，该公司已形成"总部基地在武义，品牌运营在上海，研发销售在海外"的发展格局。

类似圣雪这种从产品出海到品牌出海的案例，在国内的跨境电商行业比比皆是。对于还没有开展过跨境电商或外贸业务的企业，我们建议从最简单的跨境电商开始入手，作为进入海外市场的敲门砖；对于已经在跨境电商领域达到一定规模的企业，我们建议其考虑海外市场的本地化布局，策划企业的品牌出海。

结合以上信息来看，跨境电商企业**首先不能固守原有市场，仅靠"守"是守不住的，需要加速本地化布局，包括本地仓储、物流和售后服务，以提升响应速度和用户体验；其次，将目光投向非洲、中东和拉丁美洲等新兴市场，寻求跨境电商的新增长点；最后，从低价竞争转向品牌化发展，不断提升产品质量、品牌形象和服务水平，通过本地化建设打造全球知名品牌，从而摆脱对价格优势的依赖**。这才是跨境电商企业未来的出路。

3. OBM 模式：自主品牌出海才是出海的终点

在出海的早期阶段，企业使用 OEM/ODM 模式是合适的。但发展到一定阶段后，这两种模式的劣势就凸显出来了。

我们先来看看 OEM 的发展瓶颈。

（1）**代工的毛利率越来越低**：由于市场上有大量 OEM 制造商，竞争激烈，企业只能通过低价格来吸引订单，这导致代工的利润率长期处于较低水平。以电子制造行业为例，据相关数据统计，OEM 厂商的平均利润率不到 5%，而拥有自主品牌和核心技术的企业的利润率可达 20% 甚至更高。低利润使得企业在研发投入、市场拓展等方面受到极大限制，难以实现可持续发展。

（2）**客户依存度很低**：OEM 企业在价值链中处于低端位置，难以掌控市场。客户依存度低是 OEM 模式的一大隐患。若主要客户转向其他供应商或者自行生产，OEM 生产商将面临巨大风险。据统计，当一家 OEM 企业失去主要客户时，其收入可能骤降 30% ~ 50%，严重影响企业的生存和发展。

（3）**代工的市场空间只会越来越小**：随着全球产业链升级，代工市场的空间在逐步变小。一方面，发达国家的品牌企业越来越倾向于整合产业链，注重自主生产；另一方面，新兴市场国家在劳动力成本和政策优惠方面更具竞争力，同时更多本土企业积极布局自主品牌。

因此，代工模式下的低端制造市场空间只会越来越小。以传统制造业为例，过去五年代工市场规模缩水了约 20%。随着国际市场上的订单逐年减少，预计全球代工市场的增速将下降至年均 1.5%。

由此看来，OEM 模式虽然能帮助企业在出海早期打开市场，但从长期来看，低利润、高依赖性以及市场空间的缩小对企业的未来发展构成了巨大挑战。

下面，我们再来看看 ODM 模式面临的问题与挑战。

（1）**前期投入成本高，回报周期不确定**：研发和制定工艺标准需要大量前期投资，且回报具有不确定性，风险较高。以消费电子行业为例，开发一款新的智能设备，研发费用可能高达数百万甚至上千万元。然而，市场竞争激烈，产品更新换代快，投资回报周期难以准确预估。据统计，约有 30% 的 ODM 项目无法在预期时间内收回成本，部分项目的亏损率甚至可能达到 20% 以上。

（2）**市场的不确定性高**：新产品的市场接受度有很大的不确定性。根据市场调研数据，新产品在海外市场的失败率高达 70% 左右，这意味着大部分 ODM 企业投入大量资源开发的产品可能最终无法获得市场认可，企业也会因此而遭受巨大的经济损失。

（3）**知识产权风险高**：在国际市场上，保护知识产权更加困难。中国企业在出海过程中，会面临来自不同国家和地区的知识产权挑战。一些发达国家对知识产权的保护力度较大，一旦发生侵权纠纷，企业可能面临高额的赔偿费用。据不完全统计，每年中国企业因知识产权纠纷在国际市场上遭受的损失可达数十亿元。同时，知识产权纠纷还可能导致企业的产品被下架、禁止销售等，严重影响企业的品牌形象和市场份额。

综上所述，ODM 模式虽然在企业出海前期有利于提升产品竞争力，但高昂的前期成本、市场的不确定性以及知识产权的高风险性，可能对企业的长期发展构成障碍。

鉴于 OEM/ODM 模式存在这么多问题，它们注定只能作为企业出海的试水或过渡模式。相信大部分 OEM/ODM 企业从代工的那一刻开始，就没有放弃过做品牌的追求。因此，OBM 才是出海企业的理想模式。

好孩子，这家苏州的童车企业，就是这样的出海历程。1994 年，好孩子凭借与美国大型商业超市 Cosco 合作的一款 ODM 产品——Geoby，成功进入北美市场，这款产品至今仍活跃在美国的入门级童车市场。经过 20 年的沉淀，好孩子凭借强大的生产能力和对北美市场的深入了解，在 2014 年推出了 Urbini 品牌，完成了从代工到自主品牌运营的关键转型，确立了其在北美童车市场的主导地位。

一家企业实现自主品牌出海的信心来自什么？

这个信心来自企业的核心竞争力，包括核心的技术、独特的产品、拿手的营销、贴心的服务等。只有自主品牌出海，才能对自己的核心竞争力进行最客观、最全面的检验。

海外市场不相信眼泪，相信的是实力。华为在进入海外市场后，虽然刚开始时产品不那么成熟和稳定，但他们仍坚持把最好的产品拿出去，凭借产品质量好、服务好、运作成本低、响应客户及时等优势，才慢慢在海外站稳了脚跟。只有真正地拥有实力，才能从复杂且恶劣的竞争中杀出重围。

OBM 自主品牌出海是一项系统性的工程，过程很复杂且成功率很低，企业面临的挑战主要有如下几个。

（1）**品牌建设成本高**：创立和推广品牌需要大量的时间和资金投入，对企业财力挑战极大。对于中小企业来说，品牌建设通常需要 3 ～ 5 年才能看到显著成效，这给企业的现金流和"造血"能力带来巨大挑战。以消费电子行业为例，打造一个有一定知名度的品牌，前期的市场调研、品牌定位、广告宣传等费用可能高达数千万元甚至更多。据统计，约有 60% 的企业在品牌建设初期面临资金紧张的问题。

根据市场调研机构 Zenith 的数据，2018 年俄罗斯世界杯期间，各国企业投入的广告费达到了 24 亿美元，其中中国企业占比近 40%，是支出最多的国家。2022 年卡塔尔世界杯期间，海信在绿茵场上的横幅广告牌无比醒目。根据 36 氪新闻显示，海信在 2018 年俄罗斯世界杯和 2022 年卡塔尔世界杯的广告费都近 1 亿美元。2021 年，在海信的开放日活动上，海信集团总裁贾少谦说，他们在近五年投入了 100 多亿元用于打造国际化品牌。

（2）**竞争关系改变**：从代工模式转向 OBM 模式后，之前为其代工的客户瞬间变成对手，企业面临短兵相接的竞争局面。一方面，代工客户可能会减少订单甚至终止合作，给企业带来直接的经济损失——据统计，约有 40% 的企业在转型 OBM 后，代工订单减少 30% 以上；另一方面，代工客户可能会利用自身的资源和渠道优势对新崛起的品牌进行打压。例如，福建某服装企业，在转型为自主品牌出海后，其之前的代工客户迅速推出类似产品，并利用自身的品牌影响力和销售渠道与其进行竞争，导致该企业在一些市场的份额大幅下降。

（3）**对组织能力要求高**：品牌出海时，企业需要打造具备国际化视野和专业能力的人才团队，包括市场营销、品牌推广、供应链管理等方面的人才，因此对企业一线组织和中后台组织的考验很大。然而，很多企业在出海过程中往往面临人才短缺的问题。据调查，约有 70% 的企业认为人才不足是品牌出海的主要障碍之一。此外，企业的组织架构和管理模式也需要进行调整和优化，以适应品牌出海的需求。但这个过程可能会面临内部阻力和管理难度增加的问题。

下面以智能清洁机器人头部企业石头科技为例，来看看如何完成从 ODM 到 OBM 的成功转型。

石头科技成立于 2014 年，专注于智能清洁机器人及其他智能电器的研发和生产。公司成立之初，通过 ODM 模式为小米提供定制产品，后依托强大的自研能力成功转型，于 2017 年开始脱离小米生态链，打造石头科技自主品牌。截至 2023 年，公司自主品牌的收入占比高达 98% 以上。公司已搭建了包含扫地机器人、手持无线吸尘器、智能洗地机等产品的家庭清洁产品线。

自主品牌的占比提升带动了企业规模的不断扩大，其盈利能力也显著增长。2017—2023 年，企业的营业收入由 11.19 亿元增长至 86.54 亿元，复合增长率（CAGR）高达 42%，毛利率也从 2016 年的 19.21% 增长至 2023 年的 55.13%。

在海外业务发展上，企业建立海外子公司以推动本地化、精细化运营，利用社交媒体开展内容营销，建立全球分销网络快速渗透市场，推动自主品牌成功出海。其海外业务快速成长，逐渐成为企业重要的收入来源，海外销售占比由 2019 年的 13.8% 提升至 2023 年的 49%。

企业在海外渠道建设上因地制宜，例如，北美市场线上渠道相对较强，于是企业自建亚马逊线上自营体系；日本市场的线下渠道影响力较强，于是企业与当地头部电器经销商山田电机合作开拓市场；欧洲市场较为分散，线上渠道相对弱于北美，企业主要是与线下经销商合作开拓与销售。通过深化渠道变革、加大营销投入，企业促进了线上线下多元化渠道融合布局，销售费用率从 2018 年的 5.3% 提升到 2022 年的 20%。

石头科技的创始人如是评价："现在诸多行业都面临着激烈的竞争，我们相信，打造一个全球化的品牌不仅能使我们从众多品牌中脱颖而出，而且这也是让客户了解和购买我们产品最重要且有效的途径之一。当然，品牌的塑造离不开时间的沉淀，我们才刚刚踏上旅程。但我们相信，**只要坚持把消费者体验放在第一位，坚持持续创新，坚持提供好的产品、好的服务，最后就能收获一个优秀的全球品牌。**"

通过石头科技的案例可以看出，品牌的建立是一个艰苦且需要循序渐进的过程。一方面，企业需要客观认识到 OBM 模式面临的问题与挑战；另一方面，企业需要坚定信心，因为 OBM 出海不仅能给企业带来业务上的增长，更是企业经历蜕变、迈向更高层次的必由之路。

4. 营销组织出海：低风险、低成本验证市场的最佳方式

既然 OEM/ODM 的盈利不可持续，跨境电商的发展制约因素越来越多，而直接自主品牌出海又困难重重，那有没有一种过渡方案呢？答案是肯定的，那就是营销组织出海（见图 6-3）。

图 6-3　ToC 企业的出海路径示意

营销组织出海是指企业在没有注册海外公司或建立海外工厂、研发机构的情况下，组建海外本地销售团队，将国内派遣的员工与当地招聘的员工相结合来拓展目标市场。**营销组织出海模式的核心目标是先将产品卖出去，验证市场需求，逐步建立品牌和渠道。通过这种模式，企业可以在不大幅增加前期投入的情况下快速进入海外市场，并积累市场经验和客户资源。**这种模式为企业的全球化布局提供了一种过渡方案，避免了 OEM/ODM 模式的低利润和跨境电商的局限，同时为后续自主品牌的全面发展奠定了基础。

营销组织出海的优势在于能够快速进入海外市场，降低前期投入成本。通过派遣中方员工并招聘本地员工，企业可以灵活应对当地市场需求，提升销售效率。同时，这种模式无须立即设立本地公司或工厂，减少了注册和运营的复杂性。它还能够帮助企业在初期阶段积累市场经验、了解客户需求，为后续的品牌建设和长期发展奠定基础。**这是一种低风险、低成本验证市场的模式，值得大部分 ToC 企业在出海前期阶段大胆尝试，这也是我们辅导 ToC 企业时最**

推荐的销售模式。

营销组织出海模式的关键就是派公司能力最强的人到海外，深耕当地市场。其运作形式不拘一格，最常见的主要有如下两种。

（1）**从现有外贸团队中选人到海外**：这种模式的好处就是不需要再招聘员工。例如，某企业外贸组织中的非洲团队，总共 10 个人共同负责非洲的 100 家渠道商，现在安排其中三个人常驻肯尼亚，继续拓展当地的渠道。

采用这种模式时，企业会将现有外贸团队中的部分优秀员工派驻到当地市场。此前，企业虽通过外贸方式与当地渠道伙伴开展了合作，但双方仅停留在买卖关系，未形成战略合作或关键依赖关系。该模式依然沿着渠道突破，企业不会跳过渠道伙伴而直接去找客户，以避免伤害渠道伙伴的利益。其核心是加强对渠道伙伴的赋能，提升渠道伙伴的产品销售能力，如提供培训、市场推广支持等，促使渠道伙伴加大投入，增强其对企业的信心，进而销售更多产品。这种模式旨在实现渠道伙伴与企业的共同发展，既利用了原有外贸渠道资源，又通过深度合作提升了双方的亲密度和竞争力，为企业在海外市场的拓展开辟了新路径。

我在每次的出海公开课上都会大力推荐这种模式，鼓励各企业外贸团队的员工走出去，不要只会对着屏幕做生意，要到海外去、到客户现场去，海外市场一定大有可为。

（2）**新成立独立团队到海外拓展**：这种模式是指企业将优秀人才派往海外，成立"战略突击队"，深入本地市场，自行寻找客户或渠道，以直接推动产品销售。与上一种模式不同，"战略突击队"通过亲自探索和开发市场，主动建立本地销售网络。

这一模式的特点是市场开拓周期可能较长，且具有较大的不确定性。然而，相比 OBM 模式，它的难度和成本都要低得多。企业无须在初期投入大量资金进行品牌建设或建立复杂的供应链，而是通过灵活机动的团队在出海前期验证产品需求，逐步打开局面。这种模式适用于资源有限但有意愿深入海外市场的企业，可以帮助其快速适应当地环境、实现销售突破。

营销组织出海是一种低风险、低成本的出海模式，适合 80% 以上的出海企业。这是一种可操作性强且更具可持续性的全球化发展路径。

三、ToC 产品参照 ToB 设计销售模式

设计 ToC 产品的出海模式至关重要，因为它直接决定了企业在海外市场的生存和增长能力。面对全球化竞争，企业不仅要确保产品符合当地市场需求，还需在销售模式上做到低成本和低风险。通过精准的模式设计，企业可以有效管理物流，降低关税和运营成本，灵活应对不同市场的文化和消费习惯。同时，良好的销售模式还能使企业避免依赖单一客户或市场，降低运营风险。

1. 产品销售与解决方案销售的区别

产品销售是指企业将其现有的、标准化的产品直接出售给客户。这种销售模式以产品为中心，关注的是产品的功能、特性和优势。销售人员主要通过展示产品的价值，向客户推销预制的解决方案，而不需要对客户的具体需求进行深度分析。其目标是找到与产品匹配的客户，而不是根据客户的独特需求定制解决方案。例如，一家生产办公文具的企业将其生产的各类文具产品推向市场，在销售过程中强调产品的质量、款式、价格等方面的优势，希望客户根据这些产品自身的特性来选购，而没有深入探究每个客户在办公场景下的特殊需求。

解决方案销售则是以客户为中心，首先理解客户的痛点和需求，然后根据

这些需求量身定制一个综合性的解决方案。这种销售模式通常涉及多种产品、服务或技术的结合，旨在帮助客户解决特定的问题，而不仅是推销单一产品。此时，销售人员更像是一名顾问，专注于为客户提供长期价值和完整的解决方案。例如，在客户提出供暖和制冷需求后，要先帮助客户进行需求评估与方案设计，然后采购设备与材料，接着是安装室内机和室外机、管道系统、电气系统、水箱等，最后是调试设备和验收，这才是一个完整的客户解决方案，而不仅仅是卖给客户一个空气能热泵产品。

产品销售与解决方案销售的区别较大，具体对比如表 6-4 所示。

表 6-4　产品销售与解决方案销售的区别

比较项	产品销售	解决方案销售
1. 销售导向	以产品为中心，专注销售现有产品	以客户为中心，专注于解决客户的具体问题
2. 销售方法	标准化，展示预制产品的功能与优势	定制化，根据客户需求开发解决方案
3. 客户关注点	侧重于一次性产品交易，售后主要是产品服务	注重建立长期稳定的客户关系，方案实施、评估和改进过程中双方持续合作
4. 客户互动程度	与个别客户有互动，需求理解有限	深入了解客户的问题和需求
5. 价值主张	强调产品功能和性能	提供针对特定业务的解决方案
6. 销售人员角色	基于产品属性说服客户	作为行业顾问，提供战略性建议
7. 销售难度	中等	较高

2. ToC 产品为什么可以使用 ToB 模式销售

不管是 ToC 模式还是 ToB 模式，最终目的都是要把东西卖出去，哪种模式更有利于达成目的就应该采取哪种模式。

下面，我们以家庭电器类产品（如空调、洗衣机、冰箱、电视、厨电、空气能热泵等）来举例，看看哪些机构或组织会影响销售者的决策，以及不同影响要素下的销售模式设计，具体如表 6-5 所示。

表 6-5　家庭电器类产品的销售模式设计

影响决策角色	家庭电器类产品的销售模式
政府和政策制定者（通过立法确定税收与补贴）	直接补贴在产品上：ToC 通过中间渠道补贴：ToB
消费者（他们对功能、工艺、质量、节能、环保的需求）	ToC
建筑与工程安装公司（装修设计与实施方）	ToB
设计公司（建筑设计院）	ToB
零售终端与零售商（百货类零售、专业类零售、电商类零售）	ToC
经销商与批发商（通过销售渠道将家电产品推向市场）	OEM/ODM：ToB 自主品牌：ToB
研究机构（含智库、行业分析师，通过市场调研和分析为消费者提供购买决策的参考信息）	ToB
环保与非政府组织（通过宣传和倡导，提升公众对清洁能源产品的认知和接受度）	ToB
媒体与公共舆论（通过报道、讨论与广告，影响公众的看法与购买行为）	ToC
竞争对手（通过品牌、市场活动、产品差异与创新影响消费者选择）	根据竞争渠道来选择：ToC/ToB

通过表 6-5 可以看出，不同机构或组织对销售模式的影响很大，在销售者决策过程中发挥着不同的作用。没有绝对的 ToC 或 ToB 模式，企业应根据当地市场情况灵活设计，找到能把产品卖出去的最佳路径。

例如，英国政府发布了锅炉升级计划，给每一个安装空气能热泵的家庭补贴 7500 英镑，这样的政策就大大刺激了空气能热泵的普及。如果补贴是直接给到消费者，那么就是 ToC 销售模式；如果是通过中间渠道商或服务商补贴，那么就是 ToB 模式。出海企业要抓住机会，积极协助实施这项政策的机构或组织，帮助它们将政策落地，与此同时来销售自家的产品。

我们再来看一款 ToC 产品——口袋电脑（Mini PC）的案例。

成立于 2011 年的深圳 Beelink 公司是这个细分领域的代表企业之一，在 2018 年之前，他们主要是以贴牌代工为主。2018 年，该企业开始自主品牌出海，并在五年时间内实现海外市场大突破，累计销售 33 万台，销售额达 1 亿美元以上，海外销售占比超过 80%。

Beelink 销售总监张牧之回忆道："在最开始出海的时候，Beelink 还是以 C 端消费者为主要客户群体。但 Mini PC 在工控领域天然的 B 端属性，以及在办公领域的快速普及，让 Beelink 很自然地将目光投入极具增长潜力的 B 端赛道。即便我们的产品更有竞争力，国内的企业采购人员可能也更愿意去选择耳熟能详的大品牌。但海外企业的采购人员更加看重性能和性价比，这给我们这种新品牌带来了很大的机会。"

Beelink 主要在 B 端两个细分领域重点发力：一个是应用于工控的 T 系列，一个是聚焦轻办公的 EQ 系列。B 端客户不仅对价格相对不敏感，客单价较高，而且也有更高的复购率和更低的退货率。该企业的 B 端销售额从 2021 年开始每年大幅度增长，成为其海外业务增长的主要引擎。

由以上案例可以发现，很多产品是可以在 B 端和 C 端同时发力的。因此，在出海之前，企业要详细分析自身产品在目标国别的市场情况及其影响要素，针对性地制定适合自己的销售模式和销售策略，而不是简单照搬国内的销售经验。

3. ToC 模式既可以卖产品，也可以卖解决方案

ToC 企业出海时，常见的销售模式有通过零售、分销商或代理商将产品卖

给消费者，以及通过集成或被集成的方式将产品卖给大客户，如酒店集团或房地产公司等。不同的销售模式各有其特点和优势，适应了企业的多样化市场需求。

通过渠道商或零售模式，企业可以广泛地触达个体消费者，能够直接与消费者互动，了解市场需求变化，及时调整产品策略。同时，可借助渠道商的资源和网络提高产品的市场覆盖率。而通过 ToB 大客户销售模式签署的订单金额较大（客单价高），对产品的品质和性能要求比较高，通常需要定制化服务和长期合作。这种销售模式的单次成交量很大，有助于企业快速提升销售额和市场份额。与大客户建立长期合作关系，可获得稳定的订单来源，降低市场波动风险。同时，为大客户提供定制服务也有助于提升企业的技术水平和品牌形象。这种多模式销售的方式使企业能够灵活应对不同市场需求，实现多元化发展，增强企业的抗风险能力。

在当地实现大客户销售之后，企业也就逐步建立起自身品牌，并且这种品牌示范效应非常好，很容易被传播。同时，通过为大客户提供服务，企业也建立了工程队伍和售后服务队伍，逐渐壮大了当地运营团队，为后续自主品牌的拓展奠定了坚实的基础，并且成本极低。

但 ToB 大客户销售模式是被绝大部分 ToC 企业忽略的，或者不愿意去触及的。因为这些企业的自营门店直销模式、分销模式或线上销售模式等已经运作得非常成熟了，而大客户销售是一个完全陌生的领域，它们没有这样的组织设置和人才队伍。事实上，对于出海企业而言，这种模式反而是"花小钱，办大事"。

河南有一家供暖设备制造企业，他们过去十年都一直通过外贸的方式在海外销售产品，最近几年的发展遇到瓶颈，初步判断外贸模式对这个行业来说已经到天花板了，需要找到新的销售模式，于是找到我们商讨策略。我们分析了他们的市场空间、产品特性、竞争格局、定价策略、现有渠道资源、盈利结构等因素，验证了传统外贸模式基本见顶的结论，建议他们尝试营销组织出海模式。

于是，这家企业安排了三支队伍，每支队伍三四个人，分别奔赴拉美、欧洲和中亚地区，并扎根当地市场。他们到了当地后，先租赁一套宿舍兼作办公室，然后招聘一两个本地员工联络资源和兼职翻译。他们在当地开展业务的第一件事情，不是建立自营店，也不是联络之前的渠道商，而是按照我们的建议直接找大客户。在我们的指导下，他们迅速列出目标大客户清单，然后安排拜访。在前三个月时间里，三支队伍就获取了超过十条的销售线索。在我们的辅导下，他们严格按照 ToB 销售的模式做销售策划报告，包括竞争对手分析、客户决策链分析、客户关系分析、技术投标策略、商务策略等。最终，功夫不负有心人，他们六个月后在欧洲某国中标 1.5 亿元的小区集中供暖项目。

从纯外贸模式走向 ToB 大客户销售模式，这家企业面临的挑战是巨大的。为了不影响现有外贸业务，在销售组织出海的过程中，他们没有去撬动现有渠道资源和外贸队伍，确保了海外业务的基本盘（存量部分）不动，而营销组织出海就是做增量部分。这种做法对现有业务影响小，自身的试错成本也很低，最终 9 个月时间就取得了重大突破，企业出海的信心大增。

客观来看，如果没有专业机构指导或明白人引路，在海外从卖产品走向卖解决方案是一件非常困难的事情，对企业的综合能力挑战很大。

挑战一：**深刻洞察客户需求，并提出适配性极强的解决方案**。卖产品时主要关注产品功能和特性，而卖解决方案时则需要深入理解客户的复杂需求和痛点。企业要投入更多时间和精力去调研不同客户群体的特定场景需求，包括生活方式、使用习惯等，这对企业的市场洞察力提出了更高的要求。

挑战二：**强大的外部资源和内部资源整合能力**。提供解决方案往往涉及多个领域和环节，需要整合不同的产品、技术、服务等。企业要建立强大的供应链和合作伙伴网络，确保能够协调好各方资源，高效地为客户提供一站式解决方案。这对企业的管理能力和协调能力是个巨大考验。

挑战三：**综合型人才的获取与培养**。企业不仅需要产品研发和销售人才，还需要具备解决方案销售、投标、国际商法、项目管理等多方面能力的人才。企业要吸引和培养这些复合型人才，以满足"卖解决方案"这一业务需求，而人才的获取和培养需要企业投入大量成本和时间。

以上是 ToC 企业出海做大客户模式时会遇到的主要挑战。如果想把客单价从 1 万元提升到 1 亿元，企业必须要直面这些挑战。**经过我们综合评估，这种模式的突破周期短、试错成本低、可复制性强，是我们比较推崇的模式。**

综合以上内容，针对某一个具体国家的出海顺序建议如下：**首先从 OEM/ODM 模式开始，因为这样可以利用现有的生产能力和技术，快速响应市场需求，同时减少初期的市场风险；然后，随着对目标市场的了解，企业可以逐步发展 ToB 模式，通过提供更加专业化的服务和解决方案来深化与企业客户的关系；最后，当品牌和产品在市场中有了一定的知名度和影响力后，再发展 OBM 自主品牌出海模式，以覆盖更广泛的消费者市场。** 具体如图 6-4 所示。

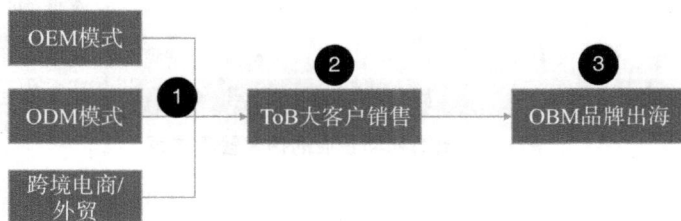

图 6-4　ToC 企业在一个国家的销售路径图

图 6-4 与图 6-3 看着很相似。图 6-3 是针对海外整体的路径图设计，而图 6-4 是针对某个具体国家的销售路径图。不过图 6-4 中的"ToB 大客户销售"，

基本也是通过图 6-3 中的"营销组织出海"的方式去实现的，即派几个精兵强将去海外目标市场深耕。

以上我们学习了 ToB 企业和 ToC 企业的出海模式，但没有涉及具体的零售管理和渠道管理等内容。关于具体的海外销售策略、销售方法和销售工具，将在后续的品牌出海图书中专题讲解。

对于出海企业来说，销售是最重要的事情之一，这是能不能赚钱的关键。要想体系化地指导销售工作开展，就需要建立系统的销售管理体系。根据以往的出海辅导经验，我们拟制了出海初期企业的销售管理体系，供大家参考，具体如图 6-5 所示。

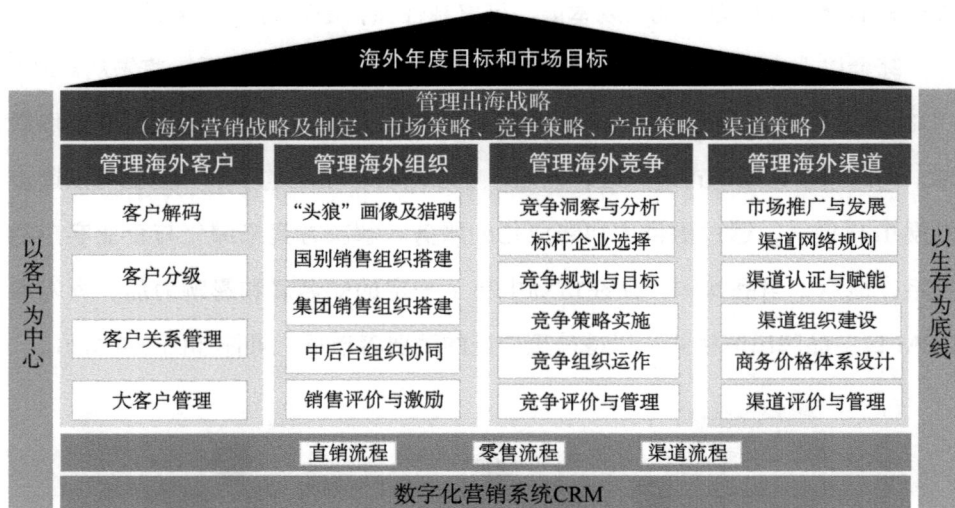

图 6-5　出海初期企业的销售管理体系

> ## 小结
>
> ### 品牌出海是终点，把海外由偶发型市场变成确定型市场
>
> 杭州安致股份是一家创建于 2015 年的户外服装品牌，该企业管理者认为，**未来的经营手段会趋于平衡，大家拼的是品牌。创造溢出产品使用价值之外的品牌价值，是打造竞争壁垒的核心。**从优化产品包装和提升包裹拆封体验，到老货新卖、持续优化工艺和功能细节，从建立 VOC（Voice of Customer，消费者声音）倾听机制，到布局适应不同年龄段、细分场景的子品牌，以上所有努力，都是为了给消费者创造产品使用价值之外的品牌价值——"可靠、可信赖、拥抱挑战"。
>
> 该企业 CEO 谭铁提出了更长远的构想："我们一直在思考，到底什么能在多年之后沉淀下来。是客户？是产品？是品牌？是供应链和团队？不要做没有沉淀的事情，不要仅追逐红利。如果一家企业能够活到 50 年、100 年，就成了品牌，会影响几代人。不要去做损害你品牌的事情，有一些底线不能触碰。很多'快'的东西是有瘾的，而长期的、有价值的东西是比较慢的，我们宁可慢一点。"
>
> 有着同样想法的致欧家居科技创始人兼总经理宋川也认为："**建立全球化品牌是中国制造未来发展的必由之路。**没有品牌，只能在'微笑曲线'中利润最低的生产加工环节赚钱，却无法获取产品设计及销售环节的利润。要站在价值链的顶端去输出品牌、设计和产品，而不是靠简单的加工。品牌是一家企业最大的无形资产，建立品牌的过程虽然艰辛且漫长，但这是成为一家基业长青且与消费者建立紧密关系的优质企业的唯一路径。"
>
> 品牌出海是每一个出海企业的终极目标。虽然品牌出海路途遥远、

一路坎坷，但其成果值得每一家企业为之努力。只要企业结合自身情况，坚持低风险、低成本的原则，踏实稳健，避免机会主义，终有一天能实现品牌出海，把海外的偶发型市场转化为一个确定型市场。

第七章

组织阵型：

灵活调整组织结构，实现海外市场全面开花

企业在出海的不同阶段（初期、中期和成熟期），面临的挑战和需求会发生显著变化。因此，需要通过调整组织结构来适应这些变化，以确保海外业务的成功。以下是企业在各阶段对组织结构的不同需求及其原因。

1. 初期：灵活与集中管理并存

在出海初期阶段，企业刚进入一个陌生的市场，对当地的法规、文化、客户需求和竞争状况了解有限。因此，这个阶段的一线组织结构需要以灵活为主，重点依赖少数经验丰富的"关键个人"单兵作战。与此同时，集团层面通常需要维持集中管理，以控制风险和统一战略，确保企业核心资源在关键领域的有效使用。

2. 中期：规模化与团队协作

当企业各项业务在海外市场初具规模，逐渐从探索期进入扩展期后，依赖个人决策的单兵作战模式已不足以应对复杂的市场局面。这一阶段需要组织化

的作战模式，通过搭建本地化的销售、市场、运营等多职能团队，提高工作效率和市场响应速度。同时，中后台需要从被动支持转为主动走向海外，提供更具针对性的供应链、财务和合规支持，增强企业的团队协作能力。

3. 成熟期：权力下放与精细化运营

在出海成熟阶段，企业已在海外市场站稳脚跟，全球业务布局较为完善。这时，继续维持集中管控可能导致反应迟缓、错失市场机会。因此，集团应逐步下放决策权，赋予海外子公司更多的自主权，使其能够迅速根据一线市场的变化自主做出决策。同时，组织结构需转向精细化运营，强调全球各区域的协调和最佳实践的分享，以实现全球资源的最优配置。

在不同的出海阶段，企业的组织结构有较大差别，具体如表 7-1 所示。

表 7-1　不同出海时期的组织结构特点

出海时期	组织结构特点
初期	以灵活的小团队为主，以快速应对市场需求和变化
	集团层面做出集中决策，确保战略一致和风险控制
中期	跨职能团队运作，涵盖销售、市场、运营等，确保各项计划高效执行
	中后台积极提供战略和资源等方面的协同支持
成熟期	一线决策权增加，确保灵活应对市场变化
	全球资源整合，提升整体竞争力和规模效益

通过在不同阶段调整组织结构，企业能保持灵活性、效率和竞争力，确保出海业务的持续成功。

第一节 一线作战组织——从单兵作战到组织作战

海外一线销售组织至关重要，它直接与客户或消费者接触，能够及时了解市场需求和客户意见。作为企业在海外的形象代表，一线销售团队的行为和服务质量直接影响企业的品牌声誉。同时，它承担着开拓海外市场的重任，通过积极的销售活动扩大市场份额，提升企业的国际竞争力。在面对激烈的市场竞争和复杂的海外环境时，一线销售组织能迅速调整策略以适应各种变化，为企业的海外业务发展提供强有力的支撑。

在不同的出海阶段，企业需要设计不同的一线作战组织。

一、出海初期的"战略突击队"

初期出海企业的界定标准是：出海年限短（如三年以内），或在海外还没有形成规模销售（如海外销售收入低于三亿元），或海外业务在公司总体业务中占比低（如不超过 20%），还处于出海的摸索和发展阶段。这就相当于华为在 2000 年之前的出海阶段，在出海第五年，也就是 2000 年，华为的海外销售订单金额是 1 亿美元，占华为当年订单总金额的 5%。

根据我们的调查，出海初期的企业在市场拓展上主要面临的问题如下。

（1）**缺乏本地市场洞察与销售网络：**企业刚开始出海时，通常对本地市场缺乏深入了解，难以迅速建立有效的客户渠道和分销网络。市场需求、竞争对手动向以及政策法规等信息的不确定性会延缓企业决策速度，甚至导致战略失误。

（2）**语言和文化障碍：**出海初期的企业往往面临语言和文化方面的差异，特别是在非英语国家。这种差异可能会导致误解客户需求、沟通效率低下，以及品牌与本地市场不兼容等问题。即使是出海五年以上的企业，仍然可能遇到深层次的文化和客户习惯方面的挑战。

（3）**本地销售团队组建困难：**由于人才招聘渠道不畅、薪酬体系和管理模式不匹配，企业在组建一线销售团队时，往往无法迅速找到并培养合适的本地销售人员。加上企业文化与团队价值观等理念方面的问题，本地销售团队的工作效率往往低于预期。

实际上初期拓展的困难远不止以上三点，要聊起当年华为拓展时遇到的困难和问题，那可是三天三夜都谈不完。下面，我们基于"业务决定组织"的原则，来思考这个阶段一线作战组织最需要解决什么问题。

第一，搭建基础的销售网络与渠道。通过与本地的分销商、代理商或零售商进行深度合作，可以借助本地网络快速建立起销售通路。同时，利用线上平台和电商也是快速进入市场的有效手段之一。总之，企业应根据产品类型和目标市场选择合适的销售渠道，确保尽快进入市场。

第二，建立本地化的市场调研与客户需求处理机制。在企业进入新市场的初期，了解客户需求和市场竞争态势是关键。因此，应优先建立市场调研团队，或与外包团队合作进行全面的市场分析。同时，设立客户反馈渠道，快速获取产品或服务改进方面的意见，这些信息有助于企业优化销售策略和产品定位。

基于以上两点快速突破市场的思路，接下来我们分别探讨 ToB 企业和 ToC 企业如何搭建"战略突击队"。

1. ToB 企业的出海销售组织结构

ToB 企业在出海的初期阶段，应该如何搭建销售组织呢？我们建议先做轻、后做重，即先组建一个"战略突击队"，奔赴一个国家持续耕耘。具体的组织结构如图 7-1 所示。

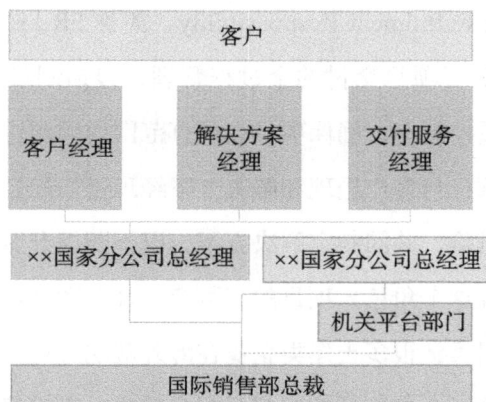

图 7-1　出海初期的 ToB "战略突击队"

这个组织架构图，不就是华为的"铁三角"吗？是的，就是由客户经理、解决方案经理和交付服务经理组成的铁三角。在拓展期，地区销售负责人一般由客户经理兼任。

客户经理（Account Responsibility，简称 AR）：作为面向客户的首要责任人，是客户关系的拓展与维护者。 负责全面了解客户需求、期望和痛点，深入洞察客户的战略规划和业务发展方向；与客户建立长期稳定的合作关系，准确把握客户决策链和关键决策人，为公司在客户侧争取最大的商业利益和支持；同时，作为客户需求的代言人，将客户的声音准确传递给内部团队。

解决方案经理（Solution Responsibility，简称 SR）：是产品和服务解决方案的提供者。 深入理解客户业务需求，结合公司的技术和产品优势，为客户量身定制具有竞争力的解决方案；负责整合公司内部的技术资源，包括研发、产品管理等部门，确保提供的解决方案能够满足客户的业务目标和技术要求；同时，与客户经理紧密合作，向客户进行专业的方案讲解并进行技术交流，增强客户对公司解决方案的信心。很多 ToB 企业在海外拓展过程中，让客户经理兼任这个角色，这是一个大错特错的决策。

交付服务经理（Fulfillment Responsibility，简称 FR）：**确保项目按时、按质交付的执行者**。负责项目交付的全过程管理，包括制订项目计划、资源调配、进度监控和质量控制等；确保项目在预算范围内顺利进行，满足客户对交付时间和质量的要求；与客户经理和解决方案经理密切配合，及时反馈项目交付过程中的问题和风险，共同制定解决方案，以不断提升客户满意度。如果在市场拓展初期不配置这个角色，项目的"可交付性"和"预算不偏离概算"将被打上一个大大的问号，很多土建类企业在海外就吃过这个亏。

在出海初期，这三个角色是如何相互配合的呢？**在销售线索或机会点挖掘阶段由客户经理主导，在解决方案制定或投标阶段由解决方案经理主导，在项目交付与售后服务阶段由交付服务经理主导，三个角色协同完成从线索挖掘到合同交付的全过程。**为了便于理解，我们进行了如下的归纳总结，具体如表7-2 所示。

表 7-2　出海初期阶段铁三角的协同模式

不同阶段	客户经理（AR）	解决方案经理（SR）	交付服务经理（FR）
1. 销售线索或机会点挖掘阶段	**主导与客户的频繁沟通，了解客户的业务需求和痛点，并将这些信息及时传递给 SR 和 FR**	根据 AR 提供的客户需求，深入分析并制定初步的解决方案，同时与 AR 一起与客户进行技术交流和方案探讨，进一步明确客户需求	从交付的角度对解决方案的可行性进行评估，提出可能影响交付的问题和风险，供 AR 和 SR 参考
2. 解决方案制定或投标阶段	与客户保持密切沟通，及时反馈客户对解决方案的意见和建议，协助 SR 优化方案	**主导解决方案的制定，整合公司内部资源，确保方案的技术先进性和可行性**	参与方案制定，确保方案在交付过程中能够顺利实施，提前规划交付资源和进度
3. 项目交付与售后服务阶段	与客户保持沟通，及时反馈项目进展和售后服务情况，处理客户的问题和投诉，提升客户满意度	提供技术支持，解决项目交付和售后服务过程中出现的技术问题，确保解决方案的顺利实施	**主导项目的具体实施，按照项目计划进行资源调配、进度监控和质量控制，同时统筹售后服务的所有工作**

以上这个运作模式不仅适用于华为，也适用于绝大部分 ToB 出海企业。

这个"战略突击队"处在市场的最前端，使用联合力量作战，发现机会并"咬住"机会，将作战规划前移，必要时呼唤或组织内部资源，确保目标的完成。这三个角色并不是"三权分立"的制约关系，而是"生死与共"的协作关系。他们的目标就是：满足客户的需求，成就客户的理想，同时使客户感到企业是一个整体，而不是一盘散沙。

我在讲出海公开课的时候，很多企业家问我："我们企业没有那么多人才，先派一个人去海外打头阵，试水一年看看效果，这种方式是否可以？"我表示强烈不建议如此，并大胆预言，这个人很有可能会在半年左右离职或被竞争对手挖走。

因为海外市场拓展难度非常大，不管是工作还是生活上，会遇到很多不可预知的困难。我跟企业家们开玩笑说，如果以上三个角色一起外派，至少他们不需要为一日三餐犯愁，一个人做早饭，另外两个人分别做午饭和晚饭；或者一个人洗菜，一个人炒菜，另一个人洗碗，分工非常清晰。

同时外派三个角色到一个国家，不用担心他们是否聚焦工作的事情。可以这么讲，他们每天除了睡觉外，随时都在讨论客户、项目、产品和竞争对手等事情，连做饭、买菜的时候都在讨论项目，根本不需要单独开项目分析会。这样的投入和聚焦，还担心拿不下客户、拿不下项目吗？这就是我为什么建议派一个小分队去开拓市场。

在海外拓展 ToB 客户，会涉及不同的国情、市场环境、客户交易习惯、法律法规、客户独特需求等，难度远远超过国内，仅仅依靠以上三个角色都难以完成。他们主要的工作还是收集线索或机会点，维系当地客户关系。真正大项目来了，一定还需要总部再派人支援。这么复杂的事情，如果仅派一个人去，怎么可能搞定呢？

因此，ToB 企业在做一线组织的结构设计时一定要三思而后行，多听取专业人士或成功同行的意见，不要仅凭经验主义就照搬国内的做法。

在出海初期阶段，企业可以按照本书第五章中国别选择的建议，选择几个国家重点突破，这样就不需要在总部搭建非常复杂的组织，只需要单独成立一个"国际销售部"，统筹管理海外所有的销售业务。在运作支撑方面，可以不用单独设立海外平台支撑部门（如人力资源部、财经管理部、法务部等），由现有各平台部门兼任即可。因为在这个阶段，海外的核心业务还是市场突破，那么组织的力量也应该聚焦在一线作战部门上。

2. ToC 企业的出海销售组织结构

讨论完 ToB"战略突击队"，接下来我们再来看 ToC"战略突击队"。由于 ToC 在海外的销售模式很多，所以没有固定的组织结构，以下只是主流的一线销售组织结构示意图，具体如图 7-2 所示。

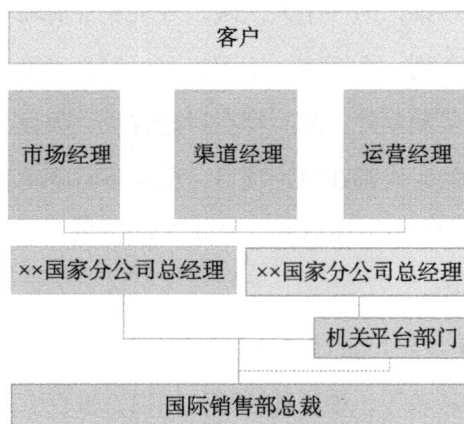

图 7-2 出海初期的 ToC"战略突击队"

市场经理的主要职责是了解市场需求、制定营销策略、推广品牌和产品。

他们通过市场调研和用户行为分析，决定产品的定位、定价和宣传方式，以确保企业能够快速进入当地市场并建立品牌认知。

渠道经理负责产品的分销和销售网络建设，确保产品能够快速、高效地进入目标市场。ToC 企业通常需要与多方渠道合作，包括零售商、分销商、电商平台等。渠道经理会主导这些合作关系，保障销售渠道的畅通。

运营经理负责整个出海业务的日常运营，涵盖供应链管理、物流、仓储以及客户服务等功能。他们的核心任务是确保产品从生产、运输到最终交付给消费者的过程中没有断档，同时确保客户售后体验的流畅。

这三个关键角色在 ToC 企业出海初期的协作至关重要。通过他们的高效配合，企业能够顺利开拓市场、建立健全的销售网络，同时保持业务运作的流畅。

市场经理与渠道经理的协同： 市场经理通过市场调研和消费者洞察，为渠道经理提供目标客户的信息和市场偏好，以确保渠道开发的精准性。市场营销策略的执行还需要渠道经理的配合，确保市场活动能够在各大渠道上同步推广。此外，市场经理制定的品牌推广活动也需要渠道经理进行终端落地，将品牌影响力转化为实际销售。

渠道经理与运营经理的协同： 渠道经理负责开发和维护本地销售网络，运营经理则确保产品能够及时送达并满足渠道需求。两者必须紧密合作，确保在库存管理、物流配送、客户需求响应等方面保持同步。如果渠道扩展过快或库存不足，运营管理会受到影响。因此，渠道经理需与运营经理及时沟通销售预测与库存调配。

市场经理与运营经理的协同： 市场经理制定的促销计划和品牌推广活动往往会直接影响产品的需求和销量。运营经理需要根据市场活动提前准备库存、调整物流资源，确保在市场需求高峰期能够按时交货，避免断货或延迟交货。

因此，市场经理与运营经理需要保持密切沟通，协调推广与运营节奏。

市场经理、渠道经理和运营经理的共同派驻，确保了企业能够从市场调研、销售渠道构建到供应链管理等环节全面展开工作。通过这三个角色的协同配合，企业能够更有效地进入新市场，提升品牌认知度，建立健全的销售网络，并确保业务的流畅运作，从而实现拓展效果的最佳化。

二、出海中期的"合成攻坚营"

中期出海企业的界定标准是：出海年限较长（如 3 ～ 10 年），或在海外已经形成规模销售（如海外销售收入超过 5 亿元），或海外业务在公司总体业务中占比高（如超过 33%），已经处于高速发展期或平稳增长期。这就相当于华为 2000 年之后、2005 年之前的出海阶段，华为在 2005 年海外销售收入首次超过国内，占总体销售收入的 58%。

在这个阶段，企业一般在市场拓展过程中会遇到如下问题。

（1）**市场饱和与竞争加剧**：在出海中期阶段，企业已经在目标市场中建立了一定的品牌知名度，占据了一定的市场份额，面临的市场竞争已经变得更加激烈。新兴的本地竞争对手和其他国际品牌的进入，正在挤压企业的市场空间，导致市场增速放缓甚至停滞。

（2）**本地化运营的深度不够**：虽然企业已经在海外市场积累了一定经验，但在本地化运营方面还存在不足，尤其是在销售和市场推广上。文化、语言、法规的差异阻碍了企业进一步渗透市场。

（3）**销售渠道管理复杂化**：在出海中期阶段，企业的销售网络和渠道体系变得更加庞大且复杂，这种多渠道的销售模式需要更加精细的管理，以确保各个销售通道之间的协调和资源分配合理。

　　结合以上三个问题，**中期出海企业的组织建设需要把握两个关键点：一是实现从少数"超级英雄"到众多"超级英雄"的转变，摆脱对少数"关键个人"的依赖，提升组织战力，让更多人在一线发挥关键作用；二是大力发展本地销售队伍，不能仅依靠中方外派员工，要充分借助本地员工管理本地市场，因为他们更熟悉本地客户或本地消费者，能更好地做深、做透当地市场。**

　　那中期出海企业应该如何搭建销售组织呢？我们建议在初期"战略突击队"的基础上做"加法"，将其成功经验在组织内快速复制，由一个"战略突击队"发展成为多个"战略突击队"，从单点进攻变为多点进攻，贴近客户建立更多销售组织，这就是"合成攻坚营"。不管是 ToB 企业还是 ToC 企业都是这个思路，因此下面仅介绍 ToB 企业的销售组织模式，具体如图 7-3 所示。

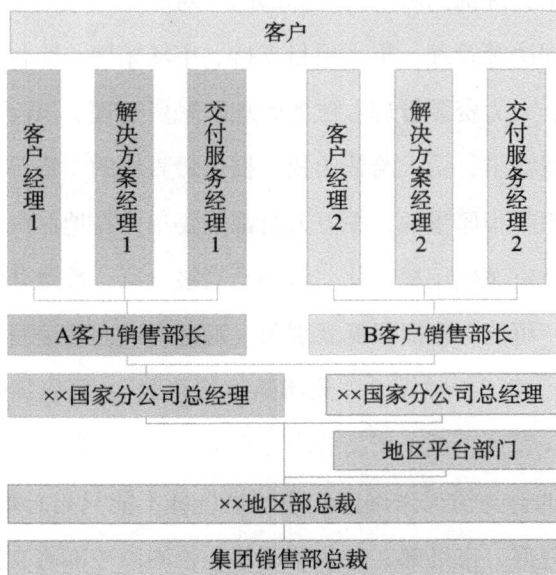

图 7-3　出海中期的 ToB "合成攻坚营"

　　华为在海外业务的发展高速期主要采用的就是这种组织形态。

在出海中期阶段，企业已经完成了前期锁定的几个重点国家市场的突破，已经开始往周边国家辐射，在区域内具有一定的影响力和市场占有率。在一个国家内，将会按照不同的客户群，分产品或分区域设立多个突击队，在一个国家甚至可能有十多个突击队，单个国家的销售规模也可能超过一亿元。

这时候，企业具备成立地区部的条件，由各地区部统筹管理周边各个国家。例如，华为早期在全球成立了14个地区部和单列代表处，类似东南亚地区部、南太平洋地区部、中东地区部、中亚地区部、南部非洲地区部、北非地区部、西欧地区部、东北欧地区部、南美南地区部、拉美北地区部，还有部分国家如美国、加拿大、印度、日本等单列管理（这四个单列代表处归集团销售与服务总裁统一管理，和地区部总裁平级）。

地区部是一个管理部门和平台支撑部门，对所辖区域的各个国家的市场进行业绩管理、合同决策管理、重大项目支持、市场拓展、交付项目管理、财务管理、干部管理、人力资源管理、法务管理、融资管理、风险管理和合规管理等，积极响应一线需求，给人给钱给权，提供最直接的"炮弹"支持。这个阶段，地区部的组织是很厚重的，中方人员都主要集中在地区部，由地区部在区域内部调度，确保资源效用最大化。特别是高级专家，数量非常有限，如果仅仅放在一个国家，可能存在高职低就现象，就把高端人才浪费了。

在总部层面，建议单独设立"集团销售部总裁"，可以加强国内销售和海外销售组织的统一管理。至于产品解决方案部、交付与服务部是否纳入统一管理，需要企业根据自身情况来确定。集团销售部不能只是总裁一个光杆司令，需要成立销售管理部、市场部、竞争管理部、合同商务部等支撑组织，把全球业务纳入统一管理。

为了便于理解一线销售组织结构，下面以华为为例，讲解如何搭建一线销售组织及其关键注意事项。

华为在 2000 年刚开始拓展毛里求斯时，组建了一支"战略突击队"。该团队经过两年拓展，签署了一单 20 万美元的小合同。这支"战略突击队"是华为在当地的"种子队"，通过他们的努力，华为实现了当地市场从零到一的突破。经过前期的拓展和努力，华为在 2004 年迎来了非洲首个 3G 合同。随着项目越来越多，依靠之前的组织阵型肯定不能满足当地市场的需求了。

之前的"战略突击队"，其成员都是中方外派员工。随着项目的交付和更多的大客户拓展，需要与客户建立更紧密的联系，于是华为就启动了本地员工招聘。我于 2004 年 10 月第一次到毛里求斯，除了与客户交流，还负责招聘本地员工。当时我们在毛里求斯租了一套有独立小院的别墅，用作员工宿舍兼办公室。由于客厅比较狭小，我们就搬了一张桌子和两张椅子到院子里，在两棵荔枝树下完成了华为在毛里求斯第一批本地员工的招聘。当天来了四个人，最后录用了三个。我一个人就完成了本地员工的初面、综合面试和谈薪，当场通知他们被录取了，并确定了入职报到时间。当时，这三个本地员工都傻眼了：一个外资企业就这么高效、这么随便吗？在我第二次去毛里求斯时，他们谈起那次面试经历，都说当时严重怀疑我们是不是骗子公司。

现在大家都在感叹华为流程的完备和高效，其实我觉得华为在没有体系化地建设流程之前，运作也是很高效的。2004 年，**华为在国内已经有了非常完善的招聘流程，而海外大部分业务都没有固定流程，就是主管基于岗位责任和使命感做出快速反应和快速决策，竭尽全力去完成在国内看来不可思议的事情。在当时看来，只要是能打胜仗的流程都是合时宜的。**

因为这三个本地员工的入职，我们不能再蜗居在小别墅里办公了，而且我们的客户也在观察华为扎根毛里求斯的决心和投入的力度，于是我们搬进了当地豪华的写字楼，整体运作步入正轨。

我们在毛里求斯的组织搭建上，是按照大客户设置"战略突击队"，每一个"战略突击队"都是由客户经理、解决方案经理、交付与服务经理搭班子配合。因为同一个客户可能有多个项目同时在投标和交付，所以同一个客户可能也存在多个"战略突击队"。这样，华为在整个毛里求斯的市场上就形成了一个"合成攻坚营"，大家为了共同的目标、共同的胜利而携手共进。

毛里求斯当时隶属于南部非洲地区部，华为在当地的各类资源基本都来自该地区部，包括客户经理、解决方案经理、交付与服务经理、投标经理、商务经理等。除了维系日常客户关系的人员，毛里求斯闲时是没有什么资源在当地的。而一旦有新项目上马，不管是投标项目还是交付项目，当地的销售组织都将根据项目需求呼唤资源，而地区部则快速做出响应。如果地区部资源不够或者没有这样的资源类型，那么地区部就向总部请求支援，由总部派遣资源前往支持。**当时，华为把前端的代表处销售组织建设得很薄，腰部的地区部销售组织建设得很厚，后端的集团销售部建设得很"专"（指专业人才和高端人才），三者相互协作，形成一个完善的作战体系。**

正如大家所看到的，这个组织结构图有些"怪"，组织结构都是"倒着画"的。为什么呢？客户始终在最上方，因为客户是源头，是所有业务的发起方，也是我们的衣食父母。下面不同层级的组织，都是在响应上一层组织的需求，虽然下面的"官"更大，比如集团销售部总裁比地区部总裁要高一级。这些"官"都要履行"支撑一线"和"管理一线"的双重职责，但"支撑一线"一定是放在第一位的，这才是真正以客户为中心的组织结构。

三、出海成熟期的"重装旅"

成熟出海企业的界定标准是：出海年限长（如 10 年以上），或海外业务在公司总体业务中占比高（如超过 50%），或在海外已经形成一定品牌影响力，

或市场占有率较高，海外业务处于平稳发展阶段。这就相当于华为在 2006 年及之后的出海阶段，在这个阶段，华为的海外业务占比超过 60%，海外的业务流程逐步规范起来，组织结构也完善了，各地区组织的本地员工占比平均超过了 60%，涌现了一大批本地主管，华为也逐步从一个国际化企业转变为一个全球化企业。

以上只是针对成熟出海企业的简单界定标准，成熟出海企业不等于是一家全球化企业。只是出海时间长，不一定就出海经验丰富；海外业务占比高，不一定市场占有率就高；有一定的品牌影响力，不一定就有好的收入。因此，出海成熟阶段的企业不要躺在出海功劳簿上，而是要立志于成为一家全球化企业。华为真正成为一家全球化企业，基本上要从 2015 年才能算起，也就是说华为从 1996 年初次出海到成为一家全球化企业用了 20 年时间，这还是在掏了大量的学费向西方公司学习先进管理经验的基础上达成的。

那么，如何才能成为一家全球化企业呢？

（1）**统一的战略方向**：企业不再区分国内和海外市场，所有决策和规划均是从全球视角通盘考虑的，以实现整体业务的协调发展。

（2）**全球一体化的政策流程**：企业的运营政策和流程全面整合，文件和沟通采用中英文双语，以促进全球范围内的高效协作。

（3）**灵活的干部和人才调度**：人员管理打破部门和地区的界限，能够在国内外、跨部门、跨国别调度，以确保人才的最佳配置和资源的灵活运用，尤其是对干部的调度。

（4）**合规和遵从优先**：全球化企业将合规与遵从视为首要任务，确保所有业务活动均符合各国法律法规，以维护企业的声誉和长期发展。

（5）**跨文化融入与沟通**：企业拥有较高比例的本地员工，并确保本地主管在管理层中占有一定比例，以促进跨文化交流与协作，增强企业的市场适应能力。

一家全球化企业应该如何搭建其销售组织呢？针对 ToB 类企业，我们建议的组织结构如图 7-4 所示。

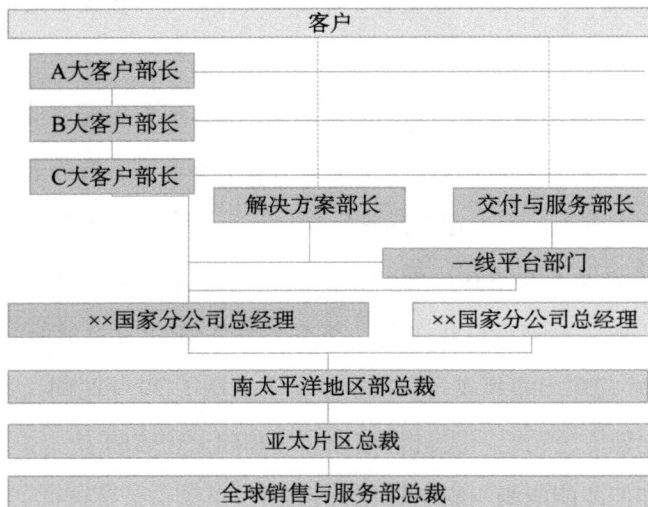

图 7-4　成熟出海企业的 ToB "重装旅"

通过图 7-4 可以发现，这个阶段面向客户的组织更加完善，将由大客户部长来统筹管理。针对这个大客户，还会有很多按照产品或区域成立的"突击队"，服务这样一个大客户的员工可能有上千人。同时，在各国家分公司层面，会有解决方案部长和交付与服务部长，他们将把自己手下的人员都配置到各个大客户服务团队里，直接归属大客户部长管理，这样才能保障客户界面的思路统一、目标统一和行动统一，大家都聚焦于客户开展工作。

在这个阶段，各国家分公司层面已经具备自己的职能平台，如总裁办、合同商务部、财经管理部、人力资源部、IT 部、法务部等，日常的事务大部分都能在当地解决，除了重大事项外，基本不需要再求助于地区部。**强大的一线**

平台部门，可以把合同管清楚、把账算明白、把人用到位，实现合规运营，有力地支撑大客户部长的作战。这就是一线作战组织和一线平台部门的协同。很多公司不注重一线平台部门的建设，什么事情都让一线作战组织自己搞定，这是不负责任的做法。就如打仗一样，有人负责开炮，有人负责装填炮弹，有人负责运输炮弹，有人负责做饭，分工明确才能高效协同。

考虑到世界太大了，地域差异大、时差跨度大、管理难度大，可以增设"片区"这一层组织。从地域上来看，可以大致把全球分为亚太片区、欧洲片区、中东非洲片区和拉美片区。华为也一直都有"片区"这一层组织，但片区这一层的组织结构"很轻"，一个片区就几个人，不像一个地区部的组织那么厚重，动辄上千人。

在总部层面，可以成立"全球销售与服务部"，把销售管理、解决方案管理、交付与服务管理都拉通，实现全球销售与服务一盘棋。

了解整个海外组织的全貌之后，我们来看它们之间的关联关系。

在各国家分公司层面建立合同获取和工程交付两个平台，负责及时、准确、独立地支持中小规模项目的完成，以及组织规划重大项目的实施和协调后方支援，它们拥有对项目支持的协调指挥权。各国家分公司层面就像"海军陆战队"要轻装、要综合，而地区部就是主力作战团队，有很好的专业分工，以及及时支持的牺牲精神，整体上形成"海军陆战队"和主力作战团队相配合的作战方案。

地区部要建立一个作战贡献平台，由一个个机动分队组成。按照任正非的话讲，"让最会打炮的人来打炮，最会开坦克的人来开坦克，最会投标的人来投标"。地区部将最会做这些事情的人集中起来，以支持下辖区域内各国家分公司的作战。作战指挥权应该还是放在各国家分公司层面，地区部只是一个资源池，更多是在技术上提供助力，根据各国家分公司的需求提供作战资源。

总部的全球销售与服务部是全球业务的指挥中心，负责把企业在全球的重大问题管理起来，把企业在全球的能力建立起来，把企业在全球的关键干部统筹起来，把企业在全球的风险把控住，运筹帷幄，合纵连横，最终实现大平台下的精兵作战。

以上内容讲解了企业在出海不同时期的一线组织结构。组织设立的目的是让个体合成整体，去做个体做不了的事。在商业竞争的世界里，组织能力就是把握机会的能力；对于海外的组织而言，组织能力就是快速响应和快速捕捉机会的能力。

第二节　集团管控——从被动响应走向主动管理

一、出海初期的集团组织结构和管理策略

出海初期的企业在总部组织运作中面临多重痛点：战略缺乏前瞻性，导致企业过于依赖一线反馈而非主动识别市场机会；各部门协同不足，信息传递滞后，影响决策效率；在资源调配方面，集团总部通常采用僵化的流程，难以灵活应对海外市场的快速变化；国际化人才储备不足，使得总部对海外市场的支持力度有限，尤其在关键岗位上缺乏专业人才；决策反应迟缓，加上对市场洞察的依赖，进一步限制了总部的支持能力，导致其多处于被动应对的局面。这些问题共同制约了企业在海外业务拓展中的主动谋划和灵活应对能力。

那如何通过组织结构设计来解决这个问题呢？我们建议成立国际销售部，将海外业务独立运作，形成一个"小闭环"，即在合同条款和商务决策、海外公司注册、中方和本地员工招聘、绩效考核、费用审批等方面充分给国际销售

部授权，具体如图 7-7 所示。

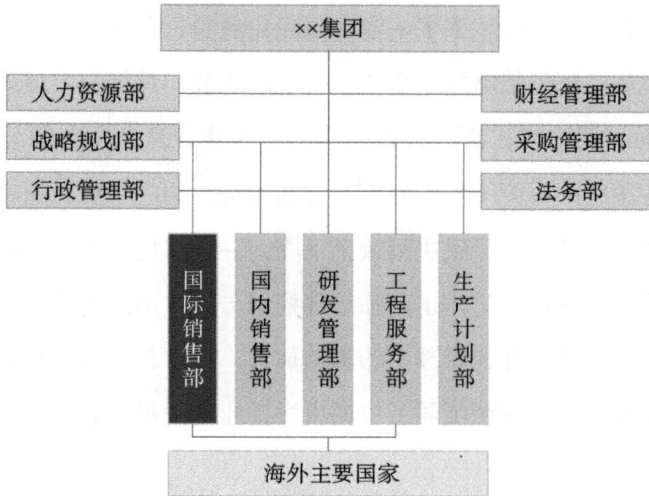

图 7-5　出海初期的集团组织结构

　　而总部机关就做好"被动响应"工作，积极响应海外一线的需求，力求有呼必应。**因为总部机关的各级主管和员工都不懂海外业务，他们的参与反而会拖长解决问题的时间。所以总部机关应以"帮忙但不添乱"为原则，积极支持海外业务。这个阶段，总部在能力和意愿上都还做不到主动管理。**

　　以上的组织结构设计是轻量级的调整，是在国内组织的基础上做"加法"，对国内业务基本盘调整不大，不涉及具体管理岗位的变迁和高管利益的调整，保障了国内业务不会受到海外业务的影响。这样即使海外业务不能顺利开展，国内业务仍然可以正常运行，不会被其所拖累。毕竟海外市场变数太多，打开一个市场的时间和成本都不可控，因此需要秉承着低风险、低成本的原则来设计集团组织结构。

二、出海中期的集团组织结构和管理策略

中期出海企业尽管已积累了一定的国际化经验，但其集团总部的组织结构仍面临诸多挑战：海外战略的制定与执行之间脱节，总部的宏观策略难以精准地应对一线的不同市场；跨国管理的协调工作非常复杂，资源分配的矛盾加剧，资源在各国之间分配不均，导致对各地市场的响应滞后；随着组织层级的增加，决策链条被拉长，导致决策效率下降，一线市场的声音也难以及时传递至总部；人才本地化建设工作也面临总部控制与授权不足的冲突，限制了本地团队的灵活性；文化差异在管理中的影响加大，导致总部与一线的沟通及后续的执行出现偏差。这些问题削弱了中期出海企业进一步拓展海外市场的效率和灵活性。

以上是制约中期出海企业发展的主要因素。如果这些问题不能得到有效解决，一线工作人员的手脚就被捆住了，总部机关就会成为海外业务发展最大的阻碍。因此，我们建议打造横向拉通的总部组织结构，具体如图 7-6 所示。

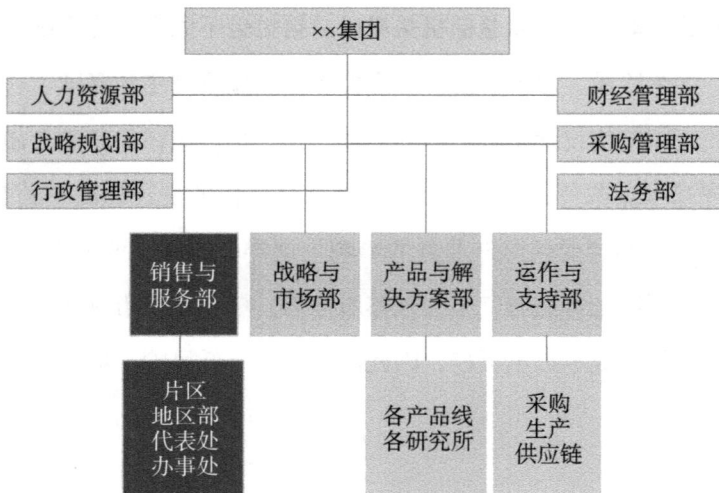

图 7-6　出海中期的集团组织结构

图 7-6 参考了华为 2005 年的集团组织结构图，下面分享一下该组织结构的一些关键点。

我们建议成立"销售与服务部"，把销售和服务两块之前独立的业务纳入其中进行统一管理。在区域上，把国内和海外纳入一盘棋谋划，国内市场不再是一个单独的市场，而是全球市场的一个区域，和海外一个大区是平级的，如中国区和欧洲区是平级的。

同时，成立"产品与解决方案部"，把产品和解决方案都拉通管理。正如前面章节的出海模式和销售模式所讲，海外的销售场景多样化，产品和解决方案可能都具备销售条件。研发是产品和解决方案"优生优育"的源头，因此需要在组织上先整合拉通。

这个阶段的华为，在集团层面成立了这四大体系进行横向拉通，同时也安排了资深的高管来主导每一个体系，确保在集团层面是一盘棋，大家共同面向一线，减少集团内部消耗。虽然这是 20 年前的组织结构，但现在看来依然非常契合那个时期的业务环境。

中期出海企业在设计总部组织结构时，要充分结合自己的业务特点、行业特性、企业文化、决策风格等。这个阶段的组织结构需要能快速反应，因此不能臃肿。一线要把指挥所建在"听得见炮声"的地方，以便随时响应客户的需求；总部组织要服务好一线，随时响应一线的呼唤。一线和总部都要面向客户建立一体化作战组织，这样的组织结构才是高效的。

三、出海成熟期的集团组织结构和管理策略

成熟出海企业虽具备一定的国际经验，但在总部组织结构上仍面临多个挑战：首先，全球化战略与本地化执行难以平衡，总部管理过于集中导致灵活性

不足；其次，随着业务趋于稳定，创新与市场拓展动力减弱，品牌维护压力增大；此外，人才管理也面临文化差异和全球竞争的挑战，吸引和保留顶尖人才变得更加困难；最后，全球业务扩展带来复杂的风险管理问题，集团总部难以及时应对多元化风险，比如全球各地的合规运营。

基于以上问题，我们认为成熟出海企业在业务运作上首先不应该考虑组织架构，而是应该思考如何设计企业的治理架构，这是解决上述问题的关键点。

企业的治理架构可以确定全球化的发展方向，平衡各方的权力，避免权力过度集中或分散，提高决策效率和透明度，减少内部冲突和管理混乱。 同时，对企业的经营活动进行有效的监控，防止舞弊行为，确保合规经营，降低运营风险。下面是华为 2009 年的治理架构图，图中非常清晰地体现了分权制衡，具体如图 7-7 所示。

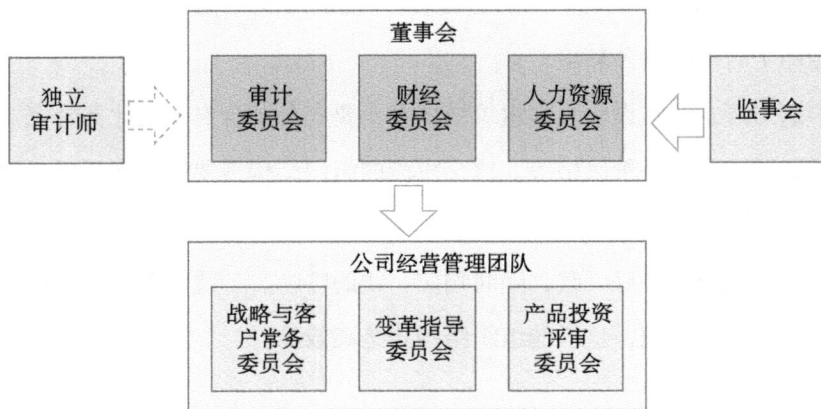

图 7-7　华为 2009 年的集团治理架构

（1）董事会：就公司未来 3 ～ 5 年发展规划、年度预算和业务目标设定、高管任用和薪酬确定、重大业务流程变革和一线组织运作优化等方面进行研讨、审议和批准，并就公司运营的重大战略发展方向、向国内外金融机构进行融资、支持公司重大合同的顺利签署等事项进行决议。董事会下设审计委员会、财经委员会及人力资源委员会，它们协助董事会对公司经营管理团队及整个公司的业务运作进行指导和监督。

（2）财经委员会：根据公司业务需求和董事会的相关要求，围绕经营管理、子公司和合资公司管理、资本运作项目、资本架构、信用管理架构、银行合作策略、运营资产管理等工作重点，讨论相应架构设计、决策审议、执行监管等工作，并签发相关管理制度。

（3）人力资源委员会：根据公司现阶段的业务需求和董事会的相关要求，围绕管理者队伍管理与继任计划、薪酬激励管理优化、组织建设与绩效提升、人力资源体系建设与组织能力提升等工作重点，开展相应的政策框架建设、政策制定和政策执行监管等工作。

（4）公司经营管理团队：由董事会委任，是负责公司日常运营管理的最高执行机构，承担战略执行与管理责任。其定位在于确保公司愿景、使命、价值观的有效传达和落实，同时审议并建议资本结构、金融投资和重大经营决策。经营管理团队通过制定中长期发展规划和年度预算，协调各业务线和功能部门的目标，以实现整体经营效益最大化。公司经营管理团队下设战略与客户常务委员会、变革指导委员会及产品投资评审委员会，分别就公司中长期发展、公司战略与客户管理、公司业务变革和产品投资等方面的问题，为公司经营管理团队提供决策支持。

以上是华为在 2009 年的集团治理架构，他们又基于治理架构设置了各层级组织结构。组织结构为矩阵式，由战略与 Marketing、研发（R&D）、业务单元组织（Business Units, BUs）、市场单元组织（Market Units, MUs）、交付支撑平台（供应链、采购等）和支持性功能组织（Function Units, FUs）等组织构成，具体如图 7-8 所示。

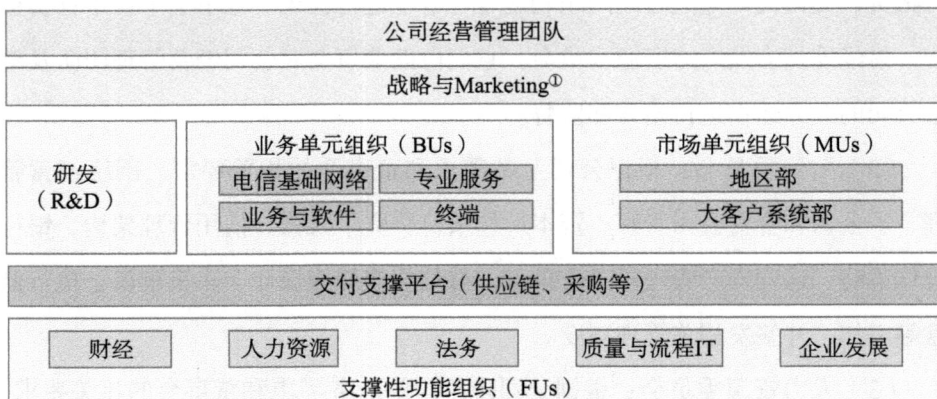

图 7-8　华为 2009 年的集团组织结构

下面，我们了解一下图 7-8 中的几个关键组织。

（1）战略与 Marketing：负责为公司战略发展方向提供主导性支持，促进客户需求驱动的业务发展，管理公司品牌及其传播，监控制订公司业务计划，以实现公司的发展目标。

（2）业务单元组织（BUs）：为公司提供有竞争力、低成本、高质量的产品和服务，并基于客户需求持续创新，建立起端到端的优势。公司的四大业务单元为电信基础网络、业务与软件、专业服务和终端。

（3）市场单元组织（MUs）：是公司从发现销售线索到完成回款流程的责任人，通过强化责任区域的运营管理和能力建设，确保公司战略在责任区域的有效落实，包括地区部、大客户系统部等。地区部通过承接公司战略，对本地区部的经营结果和客户满意度负责，同时对总部在所辖区域的大客户系统部的全球经营目标及竞争目标负责；各大客户系统部通过承接公司战略、匹配客户

_____

① 华为公司的组织名称，Marketing 意为营销。

战略，制定和实施客户关系管理策略，做好资源牵引与组织，关注行业环境变化及竞争动态等，实现系统部经营和客户满意度目标的达成。

（4）交付支撑平台：通过建立端到端且全球运作的采购、制造、物流平台，追求及时、准确、优质、低成本的交付，以满足客户需求。

（5）支撑性功能组织（FUs）：是为公司战略与运营提供资源和策略性支持的组织，包括财经体系、人力资源部、法务部、质量与流程 IT 部、企业发展部等。支撑性功能组织通过流程、工具和组织的优化，驱动公司提高运营效率。

以上是华为在 2009 年的治理架构和组织结构。为什么选择以 2009 年的华为为例呢？因为那个时候华为的规模还没有那么大，才初步形成市场格局，管理上还没有健全，当年的销售收入是 1491 亿元，净利润是 183 亿元，全球员工数量为 95 000 名，近 70% 业绩由海外贡献。这个规模的华为，是很多国内大型企业可以对标的，特别是战略方向、经营能力、全球布局、管理机制、组织架构、干部管理和人才梯队等。

接下来我们来看看，更大规模时华为的组织结构是什么样的。在 2014 年，华为的销售收入已经达到 2881 亿元，净利润 278 亿元，全球员工数量为 170 000 名。这个时候华为的治理架构和组织结构如图 7-9 所示。

通过图 7-9 可以发现，2014 年华为的业务与组织结构出现了比较大的调整，逐步调整为基于客户、产品和区域三个维度的组织结构。同时，公司设立面向三个客户群（运营商、企业客户和消费者）的 BG 组织，以适应不同客户群的商业规律和经营特点，进一步为客户提供创新、差异化、领先的解决方案。

在公司治理层面，公司重要事务由董事会 / 常务董事会决策，公司日常事务由管人（人力资源委员会）、管钱（财经委员会）、管事（战略与发展委员

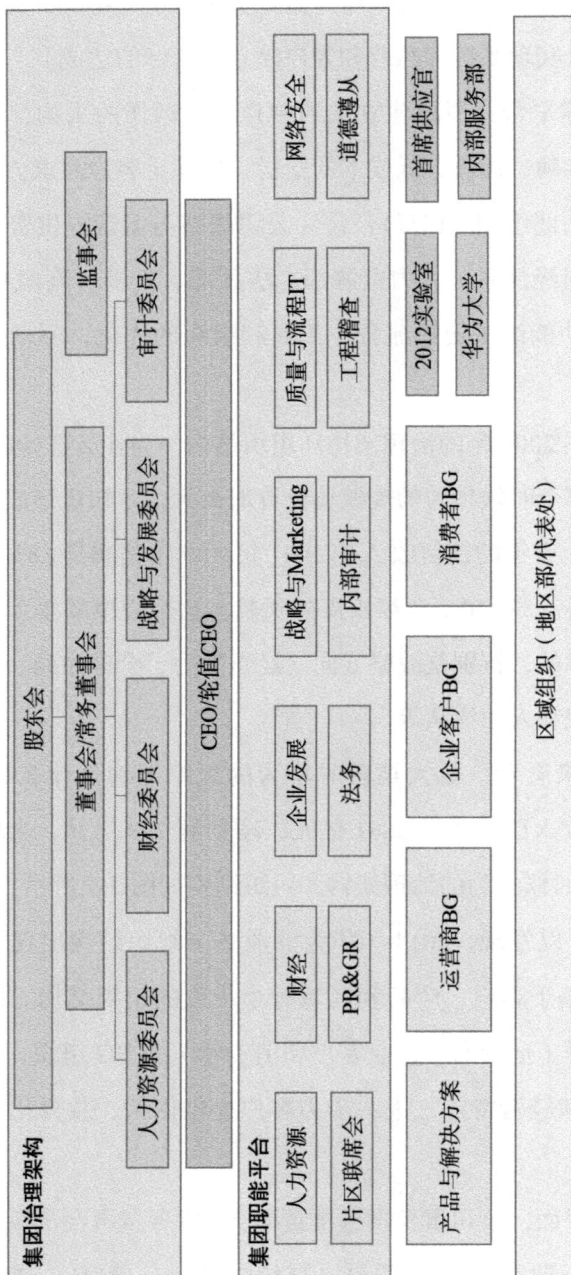

图 7-9 华为 2014 年的集团组织结构

会）的三个机构负责，而这三个机构由三个轮值 CEO 分别主管。

轮值 CEO 在轮值期间是华为公司经营管理以及危机管理的最高责任人，对公司的生存发展负责。轮值 CEO 负责召集和主持董事会常务委员会会议。在日常管理决策过程中，及时就履行职责的情况向董事会成员、监事会成员通报。轮值 CEO 由三名副董事长轮流担任，轮值期为六个月。

区域组织是公司的区域经营中心，负责区域内各项资源、能力的建设和有效利用。华为优化了区域组织，加大、加快向一线组织授权，在与客户建立更紧密的联系和伙伴关系、帮助客户实现商业成功的同时，进一步实现华为自身健康、可持续的有效增长。

几年之后，华为的组织结构又发生了翻天覆地的变化。2017 年，华为启动了"合同在代表处审结"组织变革项目，主要是加强对一线的充分授权，将作战指挥权前移，"让听得见炮声的人指挥战斗"。同时，集团基于这样的授权体系完成调整，职能也发生了相应的变化。

变化后的集团组织结构是这样的：总部有四项权力，即战略洞察、规则制定、关键干部使用、监督；总部机关是平台，平台的责任是服务与支持，在服务与支持中提供指导，因此平台服务化、服务资源化、资源市场化，如财务共享中心、人力资源共享中心、法务等。

将作战指挥权前移到一线，而不再由集团来指挥一线，身处一线的各个代表处，就是一个个"小华为"，有客户的选择权、产品的选择权、合同的决策权等。代表处成为作战中心和利润中心，对机会发现、合同生成、合同交付、合同服务等端到端的全流程承担责任，对本代表处的长期有效增长负责。代表处完全自主经营，基于经营目标承诺自主决策，以应对当地市场的不确定性。对代表处所有人员的激励也是根据自己打下的"粮食包"进行分配，干得好拿得多，干得不好就拿得少，强调基于利益一致的协同作战。

华为的组织结构每年都会做一些调整或改善，以不断适应业务发展的需要。只要业务在变，组织结构一定会随之变化，这才符合"业务决定组织"的思想。

小结

实现大平台下的精兵策略，构建大平台下的精兵作战组织

任正非在华为内部讲话时提到："当初，我们刚开拓海外市场的时候什么都不懂，不知道国际市场该如何管理，所以在管理上就粗放一些，这是可以理解的，因为大家都在探索。现在，海外市场已经取得了很大的增长，如果还像以前一样，管理上不去，这对公司来说是最大的风险。"

随着全球业务的发展，华为提出大平台下的精兵策略，通过精简和优化企业的管理流程、减少决策节点，构建一个高效、灵活且强大的支撑平台。这个大平台不仅能打通企业内部的各个流程，还要确保各部门、各级管理层之间的协调畅通，解决过去由于流程过长、决策链条冗长而导致的效率低下问题。大平台的核心在于提供一个强有力的服务平台，使得各个业务部门能够高效运作，消除流程障碍，提升企业整体的反应速度和运营效率。

精兵作战组织指的是在大平台支撑下的精简高效组织。精兵策略的核心思想是通过简化企业组织结构、优化人员配置，来提升团队的执行力和决策效率。精兵作战意味着减少不必要的层级，授予一线人员更大的权限，以减少决策链条过长的问题，确保能够快速应对市场的变化和业务的需求。

　　基于这样的组织结构设计理念，华为简化管理、精简组织，强化一线战斗部队，总部机关完成从"管控"职能到"服务与支持"职能的转变，以更好地支撑一线作战；合并小部门，实行大部门制，多角色，少官员，从而实现大平台下的精兵策略。

第八章

"头狼"模型:

人才是海外市场拓展的关键要素

"我承诺,只要我还飞得动,就会到艰苦地区来看你们,到战乱、瘟疫地区来陪你们。**我若贪生怕死,又怎能让你们去英勇奋斗?** 在阿富汗战乱时,我去看望过员工;利比亚开战前两天,我在利比亚,我飞到伊拉克时,利比亚就开战了;我飞到伊拉克不到两天,伊拉克首富告诉我:'我今天必须将你送走,明天伊拉克就封路开战了。'"

这个人就是华为最大的"头狼"——任正非。

2007 年,巴基斯坦国内动荡不安,各种极端事件频繁发生,很多外资企业都纷纷撤出。当时,任正非坚持要去看望前线员工,当地代表处极力阻止,后来任正非写了一封邮件:"**兄弟们能去的地方,我为什么不能去? 谁阻挡,谁下课。**"这句话说完以后,谁也不敢再阻拦他了。

任何时候,任正非都身先士卒、冲锋在前,是所有华为人的榜样。任正非去过非洲 50 多个国家和地区,很多艰苦国家如尼日利亚、安哥拉、刚果(金)等,他甚至去过不止一次。他到前线,一是见客户,二是看望员工,跟员工座谈交流,请员工吃饭,为奋斗在前线的将士鼓舞士气。华为之所以在海外市场大获成功，任正非是最大的功臣，也是真正的"头狼"。

第一节 出海为什么需要"头狼"

狼有三个典型的特性：一是嗅觉敏锐，善于捕捉机会；二是具有不屈不挠、奋不顾身的进攻精神，锁定目标就全力以赴；三是具有群体奋斗精神，摒弃个人英雄主义，发扬团队合作精神和组织协作效能，聚焦共同的目标，胜则举杯同庆，败则拼死相救，共同致力于最终的胜利。

而"头狼"具备卓越的决策能力和影响力，能够引导团队朝着共同目标前进，激励成员发挥最佳水平。面对挑战时，能够迅速且坚决地采取行动；面对困难时，不会轻言放弃，更不会坐以待毙，定会迎难而上；面对机会时，会不计成本地投入，奋不顾身地抓住最大的机会。

企业出海就得需要"头狼"，他们在出海过程中扮演着关键角色。

在海外市场拓展初期，尤其在一个新的区域或国家，组织能力尚未充分发挥时，"头狼"以其丰富的经验、卓越的能力和顽强的意志挺身而出。他们是市场突破的先锋，能够给市场撕开一道口子，帮企业实现从零到一的关键跨越。"头狼"是企业海外拓展中不可或缺的关键人物，为企业在海外开疆拓土，引领团队在陌生环境中探索前行，为企业在海外市场站稳脚跟奠定坚实的基础。

"面对同一个新市场，我败下阵来，你可以做成功，那么你就是'头狼'。

"面对不确定的市场，我每天加班加点工作，但是三年时间都没有突破；你没有加班，而是抓住问题的关键穷追猛打，两年就把市场突破了，那么你就是'头狼'。

"我是身体上的艰苦奋斗，你是精神上的艰苦奋斗；我一直在尽力工作，你一直在尽心工作；我有苦劳，你有功劳；我一无所获，你满载而归；我是海外市场拓展的铺路石，你是海外市场开疆拓土的功臣。

"我就是海外市场拓展的炮灰，我失望，我无助，但市场不相信眼泪，只以结果论英雄。因为海外市场开拓没有如果，只有结果。"

2003 年，华为的一位阿联酋销售客户经理 Kevin（化名），一直在跟踪阿联酋运营商 Etisalat 的无线 3G 合同，这个合同对华为具有非常大的战略意义。如果能拿下这个客户，其接下来五年会给华为带来上百亿美元的合同；如果拿不下来，将会大大拖延此产品在全球大规模商用的时间。因为当时这个新产品还不太成熟，客户不停地在测试验证，这个合同也被一拖再拖，可想而知，Kevin 面临的压力非常大。由于合同没有签订，意味着没有结果、没有产出，所以 Kevin 的绩效结果不好，连续几次季度考核都是 C（备注：A 是杰出贡献者，B+ 是优秀贡献者，B 是扎实奋斗者，C 是待改进的劳动者，D 是不可接受）。按照当时的惯例，一般连续得到三四个 C 就会被末位淘汰了，但 Kevin 最终在连续拿到多个 C 之后才完成合同签署。如果 Kevin 没有超强的意志力和战斗力，可能自己早就离职了；如果华为没有足够的宽容度和耐性，可能也早就换将了。最终 Kevin 因为拿下这个战略意义特别重大的合同，被华为连续两次破格提拔。

2004 年我们在毛里求斯推广 3G 产品的时候，客户对华为能研发出 3G 产品是极度怀疑的，我们一次次地宣讲 PPT 都不能消除对方的疑虑。为此，我们带客户去阿联酋现场体验了 Etisalat 的 3G 网络，客户在现场被惊艳到了，这才相信我们没有欺骗他们，考察回来之后就加速了项目的启动。

也是在 2004 年荷兰某运营商在评估选择 3G 设备供应商时，华为遭到了竞争对手的负面评价。该运营商特地去阿联酋拜访了 Etisalat，Etisalat 高层这样描述华为："如果说产品不成熟，那是因为 3G 是新技术，有问题在所难免。但如果说华为的 3G 产品不成熟，那其他厂家的设备就更不成熟了，我们选择华为，是因为华为的产品是最好的。"

3G 产品是华为当时无线产品线的明星产品，Kevin 肩负着重大的使命——战略产品在关键市场的突破，他背负的压力可想而知。他带领团队不仅拿下首个 3G 项目，还把阿联酋 3G 项目做成了全球样板项目。正因为这次突破，才撕开了这个拳头产品进军全球市场的口子，这个成功案例和优秀样板为后来华为突破上百个国家的市场提供了很好的示范效应。Kevin 就是典型的"头狼"，在拓展过程中，他顶住了所有的压力，凭借强大的意志力坚持了下来。如果他中途放弃，那么他也就只能成为一块"垫脚石"。

"头狼"对企业出海的价值就是破局，接下来我们看看"头狼"破的是什么局。

第二节　什么情况下需要"头狼"

一、新兴市场从零到一的突破

当企业进入全新的海外区域或国家市场时，对当地的商业环境、文化习俗、法律法规等一无所知，此时就需要有人凭借经验和洞察力去探索、适应并找到切入点。这种市场环境，是特别需要一匹"头狼"的。

下面，我们来看看华为海外市场的第一匹"头狼"李杰自述的俄罗斯市场拓展史。

"1998 年年初，我作为华为的一匹区域'头狼'，正在长沙带领着一群同事辛勤地寻找着三湘大地的每一个机会，憧憬着在新的一年带领大家取得更好的业绩，并对此信心十足。突然，公司一纸调令把我调往俄罗斯开拓市场。那时的莫斯科在我心目中是非常遥远、非常寒冷的，想起来只有一个感觉——孤单，真不想离开当时那么火热的国内市场。曾经想向公司提出去暖和一点的地方，可最终还是忍住了。不就是冷嘛，那就多带点衣服；不就是孤单嘛，我托运了整整一箱子书。

"刚来莫斯科时，我对同事说，我们要把俄罗斯的每一个地区都跑一遍，竞争对手吃饭、睡觉、滑雪、和家人团聚的时间我们都用来攻取阵地，一定能够闯出来。当时依然信心十足。可几个月下来，我傻眼了。天气倒是不冷，可市场太冷了，冷得我这匹'头狼'失去了嗅觉，到处都找不到机会，偶尔飘来的一丝暖意，仔细研究后却发现是海市蜃楼。

"销售的第一个合同是一个电源模块，总额 38 美元，高兴中更多的是凄凉。紧接着的一场金融危机更像是一场大雪，将整个大地都冰封了。传来的消息中有多少运营商即将倒闭，有某某对手退出了市场的争夺，有在打官司的，有在清理货物的，官员们走马灯似的在眼前晃来晃去，我不光失去了嗅觉，甚至视线也开始模糊了，一系列提高嗅觉的措施停下了。

"眼前的所有景物都变得迟缓起来（除了那些正在极力挽救自己储蓄的人们），似乎都在等待着什么。于是，我不得不等待，由一匹狼变成了一头冬眠的北极熊。那段时间，我有点想哭了，我不想浪费自己的时间，更想念遥远的家。但我想起了那个电影的名字——莫斯科不相信眼泪，于是忍住了。

"**1998 年，我们几乎一无所获，除了告诉俄罗斯'我们还在'；1999 年，我们还是一无所获，但是我们在日内瓦郑重地告诉了俄罗斯，我们不仅还在，而且还要继续加大在俄罗斯的投入。记得在日内瓦时任总对我讲：'如果俄罗**

斯没有了华为，你也不用回公司了。'我说'好'。

"为了这一个字，我提前结束了冬眠，开始了大量的准备工作。我招聘了一些优秀的人才，送回了公司总部，以备将来使用（这些人目前已经成为我们市场的中坚力量）；在俄罗斯开始组建一支正规的当地营销队伍，培训后送往俄罗斯各个地区，以此为基础形成了我们目前的营销网络；我们的合资企业开始了艰难的起步，开始对外展现它的存在和生命力；在不断的拜访中，我们认识了一批运营商的管理层，建立了相互之间的了解和信任，形成了我们目前主要的客户群；我们堂吉诃德似的日复一日地进行着产品推广，寻找着我们的知音……"

经过大家的努力，功夫不负有心人，华为在俄罗斯市场最终迎来了一个收获季。李杰作为海外市场开拓的功臣，也因此被先后提拔成为华为公司多个一级部门总裁，包括统管全球销售与服务业务。

海外市场的"头狼"极为不容易，在新的区域或国家，企业能提供的资源有限，他们只能依靠自身卓越的能力和顽强的意志去开拓市场。作为先锋，他们独自承担着巨大的风险，一旦失败，前期的努力可能瞬间化为乌有。**面对挑战要迅速行动，面对困难不能坐以待毙，面对机会又需不计成本投入，在多重压力下，他们还得凭借个人魅力和实力引领团队，时刻以身作则，激励成员发挥最佳水平，为企业在海外市场站稳脚跟奠定坚实基础，其艰难程度可想而知。**

二、扭转困难市场或亏损市场的颓势

当企业在海外某区域或国家遭遇重大困难或危机，可能导致当地经营不可持续时，急需"头狼"稳定军心，凭借其顽强意志和能力带领团队克服困难、实现突破。

在海外，有一些国家的汇率常年不稳定，我们到这些国家做生意风险就很大，比如津巴布韦、阿根廷、俄罗斯、委内瑞拉、尼日利亚、巴西、南非、土耳其、印度等，其中最典型的就是津巴布韦。

2005 年我第一次去津巴布韦时，官方汇率是 1 美元兑换 250 津巴布韦元，黑市汇率是 1 美元兑换 20 000 津巴布韦元，两者相差近 100 倍。每张纸币都有明确的有效期（短则半年，长则不到一年），过期自动作废。

2006 年我第二次去的时候，汇率已经变成 1 美元兑换 1 亿津巴布韦元，大部分纸币都只印了一面，另外一面是空白，因为印刷成本太高，小面额钱币的印刷成本已经超过了其面值。

2007 年我第三次去的时候，我们去中餐馆吃饭，为了买单就提了一口袋钱，中餐馆老板专门派了一个本地员工数钱，等我们吃完饭他还没有数完钱。过了一个月后，中餐馆老板不再数钱了，把数钱的小伙子也解雇了，自己拿尺子量钱的厚度，10 厘米厚的钱就是一盘麻婆豆腐，15 厘米厚的钱就是一盘回锅肉。当时的场面让大家想笑又想哭，都很无奈。

到 2008 年最极端的时候，1 美元兑换 100 万亿津巴布韦元，最大面额纸币也是 100 万亿津巴布韦元，这也是全球最大面值的货币，即在纸币上 "1" 后面有 14 个 0，每次数钱都容易眼花。大街上全部都是本地人在排队领面包，一个人一天只能领一个面包。街上也看不到堵车的景象了，因为国家没有钱买石油，90% 以上的汽车都停摆。我们上午给本地员工发的工资，有可能到下午就贬值一半。

在这么极端的情况下，西方所有通信公司全跑了，只有华为一家通信企业仍然坚守在当地。我们当地的 "头狼" Christine 依然不想放弃这个市场，跟我一起想办法留住本地员工。当地没有业务，我们就把本地员工派到其他国家工作，实在不忍心开除他们，因为他们背后都是一个个大家庭，过去他们也是华为的功臣。

在这么困难的情况下，Christine 仍然带领团队拜访客户，跟津巴布韦各级政府官员联络，尝试各种多方易物的交易方式。因为津巴布韦的棉花和烟草品质非常高，她希望能促成拿棉花或烟草兑换通信设备的交易。最终在 Christine 的努力下，华为在当地顺利实现了通信设备销售。在津巴布韦经济情况好转之后，华为获得了这个国家几乎所有通信设备的订单，因为华为是唯一在客户最困难的时候还坚守在那儿的企业。我在非洲期间曾跟 Christine 配合过几年，在当时的环境下深刻感受到我们的渺小和无助，但我们都没有放弃，依然坚守在前线。

这是华为在非洲履行社会责任，是 Christine 用自己的努力和真诚在感动所有人，他们值得我们敬佩，向他们致敬。

除了以上两种场景之外，下面几种其他场景也需要"头狼"。

（1）政治动荡和不稳定的国家，如乌克兰、叙利亚、伊拉克、利比亚、南苏丹、也门、阿富汗等。

（2）行业政策发生重大变化，导致企业在当地的经营不可持续，如当地政府调整关税政策、明确要求本地化制造等。

（3）营商环境特别复杂的国家，导致企业的盈利难度大，如巴西、印度、俄罗斯、南非等。

（4）发生极端自然灾难的情况，比如 2004 年印度尼西亚海啸、2015 年尼泊尔大地震等。

（5）当地市场竞争白热化，企业经营不可持续。

发生以上任何一种情况，都需要"头狼"用非凡的领导力来统筹指挥、调动资源、克服困难，最终实现当地市场的突破。

第三节 "头狼"的画像标准

在企业里，谁是"头狼"？谁适合做"头狼"？可能每家企业都有自己的标准。一般而言，企业选择"头狼"时会面临两个选择题，选择不对的话很可能会导致企业踩坑。

第一个选择题："语言+"还是"+语言"。即派往海外的人，到底是选择语言好的人，还是选择业务能力强的人？

在大部分管理者的认知里，海外市场跟国内市场差不多，就是有语言差异，找语言能力好的人就可以了。事实上，这是一个很大的认知错误。语言只是一种交流工具，把一个人放在某种外语环境下，过一段时间这个人就可以初步使用这门语言了。

我在非洲的时候，团队里有一个同事叫John，刚被外派到南非时他并不懂英语。我和他一起去吃饭，他不知道鸡翅怎么说，就展开双臂给服务员演示了一个飞翔的动作，服务员当场就笑瘫到地上了，John也跟着我们一起笑，丝毫没有觉得丢人。我带他去办公室后面的加油站，他会抓紧时间下车去跟服务员聊天，走的时候还给服务员一点小费。我给过那个服务员至少50次小费，他都没有记住我，但他第一次就记住了John，走的时候他们两个还拥抱了一下。John一有空就拉着本地员工给他们讲方案，以此来锻炼自己。六个月之后，John已经能非常流利地用英语给客户讲方案了。因为业绩突出，两年后他从一个新员工被提拔为部门主管。

在海外，语言只是工具，不是业务拓展的主要障碍，只要胆子大、敢于开口，语言基本不是问题。相比之下，更重要的是极强的业务能力、突破重重困难的意志力和敏锐的洞察能力等，这才是突破市场的关键。

第二个选择题：专业能力还是开拓能力。即派往海外的人是否要对本行业非常精通，还是跨行的人才也可以？

这是很多企业家跟我争执最多的一个问题。他们一直在强调自己行业的门槛高，专业壁垒很深，没有五年以上的沉淀都只能算是新人。我完全理解他们提及的专业的重要性，但在海外的突破是靠专业吗？或者说海外市场的"头狼"必须精通本行业吗？

其实不然。那如果"头狼"不懂专业怎么办呢？那就配备一名懂专业的副职，正职主攻市场，副职主攻专业，双方相互配合，共同拓展市场。

现在出海的企业更愿意跨行业挑选人才，特别是从早期出海成功的企业里挑选，因为他们经历过从零到一的痛苦过程。在后续"人才出海"图书中，我们会重点介绍如何跨行业寻找"头狼"。

在规避以上两个误区之后，我们来看看"头狼"是什么样的画像标准呢？

因所处行业不同、企业文化不同、发展阶段不同、自身实力不同，企业选择"头狼"的标准也会有所不同。根据我们对大量企业进行辅导和交流的经验来看，以下六点是普适性的标准，供读者参考。

（1）**具有屡战屡败、屡败屡战的艰苦奋斗精神；**

（2）**面对陌生环境拥有快速适应、快速融入的能力；**

（3）**单兵作战能力强，可以快速识别突破市场的口子并扑上去撕开它；**

（4）**善于抓住主要矛盾、聚焦核心问题，能找到做对事的最佳捷径；**

（5）**学习能力强，对新知识、新事物保持好奇心和敏锐度；**

（6）**有一定的资源储备，或具备强大的资源整合能力。**

我在非洲时的搭档 Tiger 是一个传奇人物，我们来看看他的神奇故事。

他在国内市场时做了三年的广西市场一把手，他在任时广西市场没有做起来，但他走后一年，广西市场就迎来了大爆发；2000 年，他从广西被外派到了尼日利亚，作为一把手拓展当地市场三年，市场没有做起来，他就被调往南非，结果在他走后第二年，也就是 2004 年尼日利亚市场签单 5 亿美元；他从2003 年开始拓展南非市场，到 2005 年离开时南非市场也没有太大起色，结果从 2006 年开始迎来大爆发，当年就达到 3 亿美元，到 2009 年更是达到 10 亿美元。在临别送他的时候，我们都推荐他去美国，因为当时美国市场最难突破，都觉得美国市场很适合他。

以上六个画像标准，Tiger 都符合，他唯一缺乏的可能就是运气。他屡屡遭遇失败，却从来没有放弃过；他被频繁调整岗位，但每次都能快速融入当地市场、快速组建团队；他自己总是冲锋在前，每天都在见客户，单兵作战能力极强。我很敬佩他，听说后来他又申请去了欧洲区域。

每家企业的"头狼"标准是什么？这个问题没有标准答案，企业需要依据自身情况定制化设计，不能完全照搬其他企业。例如，创业初期的企业，资源有限，更需选择具有屡战屡败、屡败屡战的艰苦奋斗精神的人，他们能在艰难条件下奋力开拓；若企业进入新领域或新市场，要挑选能快速适应、融入陌生环境的人，这样的"头狼"善于把控局势；对于竞争激烈、市场份额待突破的行业，单兵作战能力强、能撕开市场口子的人才是关键；当企业面临复杂业务问题时，善于抓住主要矛盾的人可成为"头狼"，他们能聚焦核心、高效做出决策；知识、技术更新快的行业，则要选学习能力强、对新事物敏感的"头狼"，如此才能带领企业跟上行业发展步伐。

第四节 "头狼"从哪里来

通过前面章节，我们应该充分认识到了"头狼"的价值，但"头狼"从哪里来却是让人头疼的问题。这也是所有企业家和高管最关心的话题。

"头狼"无外乎有两个来源，一是从内部选拔，二是从外部招聘。

一、从内部选拔

海外人才的缺失，是大部分出海企业都面临的困境。

大部分企业连国内市场都严重缺人，更别说海外市场了。一提到管理人员，那缺口就更大了。那到底怎么解决这个问题？还是需要"从地主家借粮"，也就是从国内人才库想办法。

国内海外人才循环的互通机制如图8-1所示。

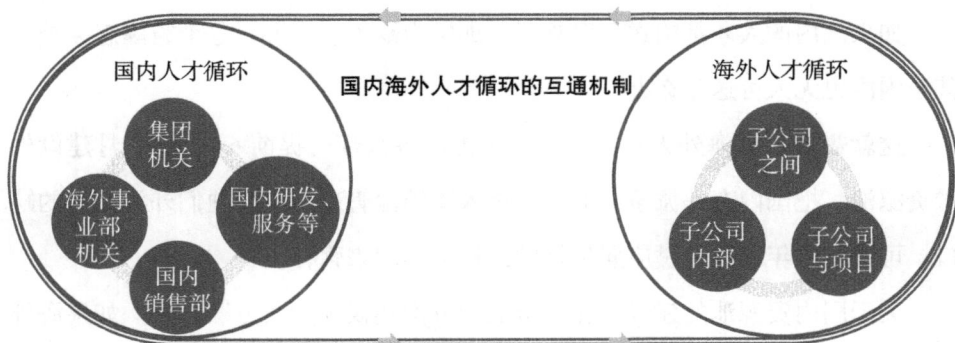

图8-1 国内海外人才循环的互通机制

国内的各级主管，要承担建立"海外人才资源池"的义务，肩负培养海外人才的第一责任。如果国内主管不主动担责，仅仅靠海外团队自我造血，那必将错失海外市场机会窗口，大大延长海外市场的拓展周期。那如何具体解决这个问题呢？

1. 海外要有明确的战略规划和人才需求计划

很多企业家对海外业务没有总体战略规划，想起来就要干，缺人就强制要求国内输送人，这种事情偶尔做一次还可以，经常这样做就不可取了，势必会同时影响国内和海外两个市场。

我们建议企业每年都要单独做海外战略规划，明确来年海外市场是否需要扩大、产品种类是否增多、客户策略是否变化等，这些都需要提前规划好，不能临时决策。然后，根据海外战略规划制订人才需求计划，细化到每个季度需要多少个哪种类型的人才。这样才可以做到提前规划、提前储备人才，不打无准备之仗。

2. 建立人才数量足够的外派资源池

如果国内的人才都输送到海外了，那国内缺人怎么办，这个窟窿怎么补？甚至国内也无人可送怎么办？

这就需要根据海外人员需求表，由国内各级部门提前 6 ～ 12 个月建设外派资源池，把国内有外派意向的人才纳入资源池管理。针对他们外派之后的缺口，可提前半年以上通过应届生招聘或社会招聘来弥补。

关于国内资源池的建设，在人员数量方面建议更"大方"一些。如果海外需要 10 个人，那么在国内就招聘 15 个人，多出的 5 个人作为储备，要充分考虑离职、内部转岗、海外突发需求等情况，不要总是被动响应，要主动预判风险，打好提前量。

3. 国内主管要高姿态、高觉悟

在 2003 年的时候，华为发现一个现象：国内市场一个 2000 万美元的单子，有十几个销售在围着转；而在海外，一个销售手里握着好几个 2000 万美元的单子。从这个角度来看，国内的人力资源是过剩的，企业很有必要源源不断地、强制性地抽调优秀员工到海外去。

关于派什么样的人到海外，前面章节已经反复强调过，一定是外派各个部门最优秀的人才，不能随便安排人员凑数。这一点，要实现太难了，对人力资源的协调工作挑战非常大。老板和高管都会纠结，这样做会不会对现有业务冲击太大。对现有业务的影响一定是有的，只是要看孰轻孰重，是否能坚持"海外优先战略"，这就又回到了检验老板和高管的出海决心这一步。有坚定的出海决心，那么就积极面对这个问题，把最优秀的人派到海外去。

关于这一点，华为在 2003 年明确对国内各个部门提出要求：**"千万不要把差的人推荐到海外去。千万不要像卸包袱一样地向国外派人，这一点大原则要明确。建议各部门要建立制度，凡是哪个办事处推荐的员工在海外出问题，推荐他的主任就要给予一定的处分。"**

4. 通过明确的机制来约束国内各级部门主管

对于从国内往海外输送人才不积极的部门主管，要有强制性的输送指令，不容许讨价还价，也不容许拖延时间，这样会贻误海外战机。

对于不配合或假积极的主管，我们建议通过明确的机制来约束。例如，规定国内营销部在 6 月 30 日之前派送 10 名员工到非洲，届时如果人不够，每少一人国内营销部的主管罚款 5000 元，或者降薪 500 元，或公司内部通报批评。如果缺口达到五人及以上，那么国内营销部主管就得自己去非洲，什么时候把人员落实到位了，再回原岗位工作。

如果没有这样的决心和机制，只是希望国内各个部门主动"放人"，那可能只是一个愿望而已，海外战略就难以落地。

5. 建立极具诱惑力的海外薪酬体系，吸引员工主动到海外去奋斗

作为员工，我为什么要背井离乡去海外？这个问题，企业一定要提前想好答案。

华为的员工为什么愿意主动到条件艰苦的地方工作？是他们傻吗？当然不是，我自己就曾在非洲常驻 6 年。因为非洲市场空间更大、市场机会更多，公司不但提供了充分展现个人能力的平台，而且提供了丰厚的福利待遇和广阔的升职空间，无外乎就是自然环境艰苦一点。

关于外派员工的薪酬结构和水平，将在后续出海系列图书中详细介绍，本书只介绍概要。下面以华为的外派员工薪酬结构为例简单说明一下，具体如图8-2 所示。

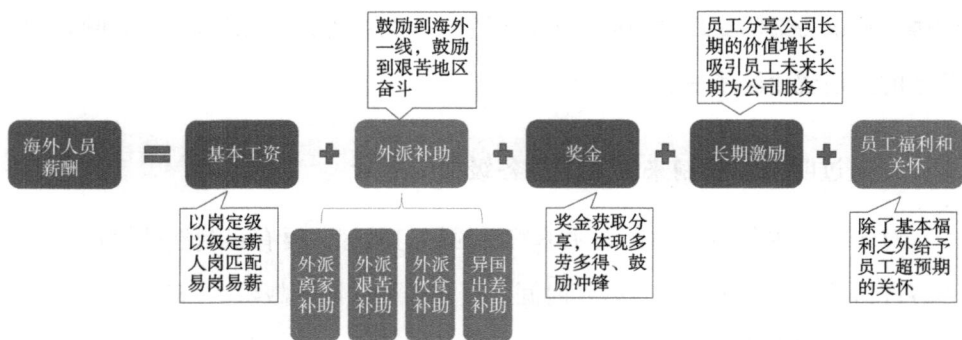

图 8-2　华为外派员工的薪酬结构

其中，我们着重说一下"外派补助"部分的情况。

外派离家补助是为了补偿员工背井离乡、承受文化差异和生活不便带来的困难，补助标准按员工实际工资的 75% 计算。如果外派员工工资低于基线标

准金额，按基线标准计算（华为在 2005 年的基线标准金额是 15 000 元）。

外派艰苦补助是对员工长期生活在艰苦地区的回报，按照不同国家的艰苦程度定级，最发达的一类国家没有艰苦补助。艰苦补助标准与员工常驻国家有关，与员工职级无关。例如，去日本的艰苦补助是 0，而去尼日利亚的艰苦补助是 70 美元 / 天。

外派伙食补助是为了保证员工在外派期间能够享有合理伙食，从而保障员工的生活质量和身体健康。根据各国的生活水平和物价指数，公司确定了三档外派伙食补助标准，但由公司直接支付给当地食堂，不发放给员工，引导员工积极在公司食堂或协议餐厅就餐。同时，"随军"家属也按员工标准的一半享受外派伙食补助，以鼓励家属到海外陪同员工生活。例如，尼日利亚的外派伙食补助是 25 美元 / 天。

根据以上薪酬结构，我们来看看在 2005 年，华为一个工作 2 ～ 3 年的员工在非洲艰苦国家可以拿到多少薪酬（当时的汇率大约是 1 美元兑换 8.27 元人民币），具体如表 8-1 所示。

表 8-1　外派非洲员工的薪酬

级别	基本工资	外派离家补助	外派艰苦补助	外派伙食补助	异国出差补助	奖金	长期激励
工作 2 ～ 3 年的外派员工	0.6 万元人民币 / 月	1.5 万 ×75%=1.125 万元人民币 / 月	70 美元 / 天	25 美元 / 天	10 美元 / 天	约 10 万元人民币 / 年	1 万 ～ 2 万股，约 2 万 ～ 3 万元人民币收益

企业出海时，在员工工资结构、补助结构、奖金激励、福利保险、岗位晋升等方面一定要精心设计，要让员工争先恐后地报名外派、向往外派，这样才是一个好的激励机制。

6. 建立对员工的约束机制

"雄赳赳，气昂昂，跨过太平洋，当然还有大西洋和印度洋。是英雄儿女，就要挺身而出，奔赴市场最需要的地方。哪怕那儿十分艰苦，工作十分困难，生活寂寞，远离亲人。为了祖国的繁荣昌盛，为了中华民族的振兴，也为了华为的发展与自己的幸福，要努力奋斗。要奋斗总会有牺牲，牺牲青春年华、亲情与温柔……不奋斗就什么都没有，先苦才能后甜。"这是任正非在 2000 年海外出征仪式上的讲话。

2001 年，华为将市场部的干部分为三类：第一类是可以去全世界所有地方，任由公司安排；第二类是可以去国内所有区域，任由公司安排；第三类是只愿意在国内经济发达地区。华为将第一类干部作为公司优先考虑提拔的人选，这一点从 2001 年一直执行到现在，并且执行得非常坚决。如果没有海外常驻经历，在华为是很难走向管理岗位的。

这是华为对员工外派的约束机制。在招聘员工时，如果一线岗位应聘者不能接受全球范围内的派遣，他们可能都无法通过面试。同时，华为还在企业内部树立"不外派，职业发展就受限"的意识，让每一个员工都认识到外派的必要性，并提前做好个人外派规划。

二、从外部招聘

外部招聘的对象一般可分为中方高管和海外本地高管。

很多企业碍于语言的限制，一直倾向于招聘中方高管外派，其实在海外招聘本地高管是很有必要的。第一，本地高管熟悉当地的文化、市场规则和商业环境，他们可以快速融入当地社会，为企业建立良好的本地关系网络，方便企业更高效地开展业务，避免因文化差异导致的决策失误和沟通障碍，有助于企业在海外站稳脚跟；第二，相比中方外派高管，他们无须经历长时间的文化适应期，能迅速投入工作，为企业节省时间和资源成本；第三，招聘本地高管也向当地市场传递了企业要融入当地、长期发展的积极信号，可提升企业的品牌形象和声誉，为企业的海外发展创造更有利的条件。

华为从一进入海外市场，就特别注重本地高管和本地员工的招聘，提高本地化率一直是公司对各一线主管的要求。下面我们来看看华为在出海成熟期的本地化情况，具体如表 8-2 所示。

表 8-2　华为在出海成熟期的本地化情况

年份	销售收入（亿元）	员工总数（人）	本地化比例
2009 年	1490	95 000	65%
2010 年	1851	110 000	69%
2011 年	2039	146 000	69%
2012 年	2201	150 000	70%
2013 年	2390	150 000	70%
2014 年	2881	170 000	75%

通过表 8-2 可以看出，华为在出海成熟期的本地化率基本都在 70% 左右，是非常重视本地化发展的。下面我们通过一个案例来看看华为是如何重视海外人才的。

在欧洲的爱尔兰，距离首都都柏林 280 千米外的科克（Cork）小镇上，华为建了一个研究所，这个研究所只有一个人，这个人就是马丁·克里纳——全球知名商业架构师，曾当选 *Billing World* 评出的"电信软件业 25 位最具影响力人物"。现在，他成了华为 SPO LAB 首席架构师。

你不愿意离开家乡，我就把研究所建到你家乡去。这就是华为对待高端人才的态度，也体现了华为在招聘方面的魄力。

中国出海企业在海外发展时，往往缺乏招聘高端人才的魄力，这主要源于以下三个原因：首先，高端人才的招聘和薪酬成本较高，企业担心过高的开支会影响短期利润；其次，企业对高端人才的信任不足，认为依靠已有的内部人员或从国内外派的管理者更为可靠，不愿承受招聘外部高端人才的风险；最后，一些企业战略不够明确，缺乏长远的全球化发展规划，导致在人才招聘上往往表现出谨慎甚至保守的态度。

我们再次强调，海外业务的发展核心是"人才"。如果企业在人才方面不舍得投入，那么是很难在海外市场取得成功的。而"找对人"又是其中最重要的一个环节。

我们前面讲过"头狼"，除了有销售"头狼"，还有研发"头狼"、供应链"头狼"、服务"头狼"、采购"头狼"等，各个组织里都要有自己的"头狼"。**出海的"头狼"是需要满世界去找的，"三顾茅庐"都不够，需要"五顾茅庐"，这是找人的逻辑，而不是招人的思路。企业要面向全球找最优秀的人，而不是随便找个人勉强凑合或先试用看看。找到优秀的人，远比任何培训更有效，因为他们曾经踩过的坑就是最宝贵的财富，企业在海外可以因此而少交很多学费。**

从外部找高端人才是一件非常专业的事情，这些人靠企业的正常招聘流程一般是招不来的，何况这些优秀人才的简历也不会随便挂在网上，那怎么办呢？专业的事情一定交给专业机构去做，我们强烈建议企业不要舍不得那点猎头费。在出海业务上，缺什么就拿钱买什么，不要自己去折腾、去交学费，一旦找错人，试错成本和时间成本太高了。

关于如何从外部招聘出海"头狼"，我们将在人才出海图书中详细介绍。

小结

没有攻不下的市场堡垒，只有攻不下市场堡垒的人

2006 年，任正非在非洲与员工座谈时，用这样的话鼓励大家："那些欧洲的传教士，三百年前就来到非洲传教，也许从离开家的那一刻起，他们就永远回不去了。那时还没有电灯、马路，甚至没有邮递员来送信，比我们现在的条件差多了，他们为了一个信仰就抛弃了一切，来到这些不毛之地，想想他们又有多难。为什么我们说市场人员要有宗教般的虔诚？我们现在就像当年的传教士一样，在推广我们的服务。"

每次看到这段话，我就会想到非洲的一位同事 Jason（化名）。2004 年，Jason 作为一名研发工程师转岗海外销售，外派到尼日利亚常驻。他每天早上 8 点钟到客户办公室报到，晚上 10 点钟回到华为办公室开例会，一年 365 天都能坚持下来。他疟疾发作多次，即使高烧近 40 度，大家都会围在他的床边开"日例会"。我们地区部每次开大会，他的 PPT 写得最丰满，他的客户和项目分析最透彻，他总有说不完的想法，让我们都好生佩服。他转岗才一年时间，就成为销冠。三年时间内多次被破格提拔，荣升为公司高管。我从他的身上嗅到了"头狼"的味道，在我看来，没有他攻不下的市场。

撕开一个口子，快速实现海外市场规模性突破

在当今全球化的浪潮中，中国企业出海已成为大势所趋。本书中，我们深入探讨了出海制胜模型（OWM），为企业制定出海战略提供了系统化的框架。然而，仅有出色的战略是不够的，出海战略的制定只是企业迈向全球舞台的第一步。

当企业确定了出海的决心和意图，通过深入的出海洞察选择了合适的国别、出海模式和销售模式，并构建了与之相适应的组织阵型和找到了关键的"头狼"后，真正的挑战才刚刚开始，那就是出海战略执行阶段。战略的成功执行才是企业在海外市场立足并茁壮成长的关键。

海外市场的切入与突破是企业出海的关键起点，也是企业面临的第一个重大挑战。无论是选择市场的时机、进入的节奏，还是营销策略的制定，都将决定企业能否迅速获得市场份额。海外市场的多样性和复杂性使得每个市场的切入策略各不相同。企业需要灵活调整进入路径，结合当地消费者行为、竞争态势和行业环境，设计切合实际的切入方案。在这一过程中，快速占领市场、建

立品牌认知与信任关系至关重要。

海外流程制度与运作机制的建立是企业高效运营的重要保障。 随着企业逐渐在海外市场站稳脚跟，流程制度的建立与完善成为确保其高效运营的关键环节。健全的流程制度能够确保企业在全球范围内快速响应市场变化，提高资源配置效率，减少内部摩擦和运营成本。同时，企业也要关注内部制度的透明性与规范性，确保各部门协调一致，避免因为跨国运营而产生的沟通障碍和文化冲突。

海外组织搭建是确保企业在海外高效运营的基础。 随着市场规模的扩大，企业必须重新思考和设计海外的组织架构。一个适应海外市场需求的组织架构，不仅能够支持企业在不同阶段的发展，还能提升其市场响应速度和执行效率。组织架构的搭建不仅仅是人员配置的问题，还涉及业务流程的协调与管理机制的建立。企业在全球拓展过程中，需要找到全球战略与本地执行之间的平衡，既要确保集团的核心战略方向不偏离，也要允许各地区组织有充分的自主权和灵活性。

海外人才招募是企业出海成功的关键因素之一。海外市场的竞争归根结底是人才的竞争。 企业需要招募具有全球视野、跨文化沟通能力和专业技能的人才，以满足海外业务发展的需求。在人才招募过程中，企业要制定具有吸引力的薪酬福利体系和职业晋升体系，营造良好的企业文化氛围，以吸引和留住优秀人才。同时，企业还要注重培养本土人才，提高他们的业务能力和管理水平，为企业的长期发展奠定坚实的人才基础。

海外合规运营是企业出海必须遵守的底线。 不同国家和地区的劳动法规、税收政策、环保要求等各不相同，企业必须严格遵守当地的法律法规，确保合规运营。在合规运营的基础上，企业还要积极履行社会责任，关注当地的环境保护、社会发展等问题，树立良好的企业形象。只有这样，企业才能在海外市场赢得当地政府、消费者和社会各界的信任和支持，实现可持续发展。

出海之路充满挑战，但也充满机遇。在出海战略执行阶段，企业需要以坚定的信心、务实的态度和创新的精神，积极应对各种挑战，扎实做好每一个环节的工作。相信在不久的将来，越来越多的中国企业将在全球市场上绽放光彩，成为推动全球经济发展的重要力量。

本书为企业出海战略的制定提供了有益的参考，而接下来我们还要推出出海的系列图书，继续深入探讨出海战略执行的各个核心要点，如品牌出海、组织出海、人才出海、合规出海、制造出海等，为企业在海外市场的拓展提供更加具体、实用的指导。

祝愿每一家勇敢出海的中国企业都能在全球市场中实现自己的梦想，创造无比辉煌的未来！